KB070350

지금부터
부동산 투자해도
부자가
될 수 있다

읽기만 하면
돈 버는
부동산 투자의
기본

지금부터
부동산 투자해도
부자가
될 수 있다

민경남(시네케라) 지음

위즈덤하우스

부동산 투자, 지금 시작해도 늦지 않았다

혼자 커피숍에서 원고를 자주 쓰다 보니, 주변 사람들의 대화가 자연스럽게 제 귀에 들려옵니다. 최근에는 사람들이 모이기만 하면 부동산에 대해 자주 이야기하는 것을 발견합니다. 그중 어떤 이들은 이런 이야기를 합니다.

"작년에 전세 연장하지 말고 그냥 집을 살걸…. 전세가와 매매가 차이가 크지도 않았는데…."

"그때 괜히 남편이 말려서 집을 안 샀잖아. 이제는 안 사는 게 아니라 못 사."

아마도 2014년부터 시작된 상승장에 올라타지 못한 분들의 말일 것입니다.

저는 2007년부터 자산운용회사 부동산운용팀에서 부동산 투자 및 운용 업무를 해왔습니다. 2016년에는 회사에서 배운 내용과 개인적으로 해온 부동산 투자 노하우를 정리해서 《돈 버는 부동산에는 공식이 있다》를 집필했습니다. 그리고 올해 는 부동산 투자를 업으로 삼기 위해 퇴사한 후 저만의 회사를 차렸습니다.

오랫동안 부동산 금융업계에 있었고, 부동산 책을 썼고, 부동산 전업 투자자가 됐다고 하니 주변에서 부동산에 대한 질문이 끊이지 않습니다. 그런데 수천 건의 질문을 받으며 알게 된 것이 있습니다. 부동산의 관한 질문은 대부분 비슷한 내용이라는 점입니다.

"지금이 고점인 것 같은데, 집을 사도 될까요?"

"자금이 넉넉지 않은데 빌라를 사는 건 어떨까요?"

"대출을 무리하게 받았다가 하우스푸어가 되는 건 아닐까요?"

이 모든 질문에 대해 답할 수 있는 이는 아마도 신뿐일 것입니다. 누구도 미래에 벌어질 일을 알 수는 없기 때문입니다. 하지만 처할 가능성이 있는 위험 요소에 대해 꼼꼼히 따진다면 어느 정도 대응은 할 수 있습니다.

이 책은 제가 알고 있는 수준에서 주변 지인들과 독자들의 질문에 답하기 위해 쓰였습니다.

부동산 투자를 할 때 우리가 처할 수 있는 다양한 가능성에 대해 알아보고, 그에 맞는 대응책을 준비하고, 스스로 투자할 지역과 매물을 결정하고, 자연스럽게 자산을 불릴 수 있도록 돕기 위해서 말입니다.

집을 사지 못했다고 혹은 투자 가치가 없는 지역에 투자했다고 후회하고 누군가를 탓할 시간에 손품을 팔며 공부하고, 발품을 팔며 임장을 다녀야 합니다. 어떤 제품에 대한 수요가 늘어 가격이 비싸졌다고 욕만 한다면 이는 하수입니다. 고수는 그 시간에 그 제품을 만드는 회사의 주식을 매수합니다.

아직도 도처에 투자할 만한 부동산들이 널려 있습니다. 저 개인적으로는 분석할 시간이 부족해서 투자하지 못할 뿐입니다. 그래서 퇴사를 한 것이기도 합니다.

투자의 3요소는 분석력, 자본력, 실행력입니다. 자본이 충분한 독자라면 이 책을 통해 분석력을 갖춘 후에 실행하고, 자본금을 모으고 있는 독자라면 기회가 올 때 바로 실행할 수 있는 분석력을 키울 수 있길 바랍니다. 길어진 평균 수명과 저금리 시대를 살아가는 우리에게 투자는 이제 선택이 아니라 필수이기 때문입니다.

집필에 집중할 수 있도록 육아와 집안일을 도맡아 한 아내와 항상 아빠를 찾는 아들과 딸에게 미안하고, 고맙고, 사랑한다는 말을 전하고 싶습니다.

그리고 항상 저를 응원하고 도와주신 부모님과 형, 가까이서 육아를 도와주셔서 제게 글 쓸 시간을 만들어주신 장인어른과 장모님 그리고 처형네 가족, 저를 믿고 투자해주신 투자자 분들, 저의 부동산 투자를 도와주시는 모든 분들, 위즈덤하우스 이경희 과장님, 홍춘욱 박사님, 빠숑 김학렬 소장님, 구피생이 민규에게도 감사의 인사를 전합니다.

차례

1장　부동산 투자, 왜 해야 하나요?

2장 부동산 투자, 무엇부터 알아야 할까요?

3장 아파트는 너무 비싼데… 오피스텔·빌라 투자는 어떨까요?

4장 아파트 투자로 실거주와 수익을 모두 잡을 수 있다고요?

5장 부동산 투자자가 되기 전에 반드시 알아야 할 것들

1장
—

부동산 투자,
왜 해야 하나요?

Q 집을 꼭 사야 하나요?

A 저는 최소한 자신이 살 집 한 채는 꼭 사서 보유해야 한다고 생각합니다. 만약 집을 사야 할지, 말아야 할지 고민한다면 그분들께 반대로 이렇게 묻고 싶습니다. 그럼 집이 없다면 어디에서 거주하실 건가요?

집은 투자의 개념을 떠나 주거 안정성 차원에서라도 반드시 필요합니다.

아직 미혼이라면 크게 실감하기 어렵겠지만 결혼을 하고, 자녀가 생기고, 자녀가 학교에 들어가게 되면 쉽게 이사를 결정하기 어려워집니다. 자신이 이사 여부를 결정하는 게 아니라 집주인의 요청으로 이사를 몇 번만 하게 된다면 서러워서라도 내 집 한 채는 꼭 필요하다고 느끼게 될 것입니다.

보통 임대차 기간은 2년입니다. 주택임대차보호법 제4조에 의하면 "기간을 정하지 아니하거나 2년 미만으로 정한 임대차는 그 기간을 2년으로 본다"라고 규정해놓았습니다. 약자인 임차인을 보호하기 위해 법에서는 임대차의 최소 기간을 2년으로 정해놓았지만 2년 이후의 기간에 대해서는 임대인과 임차인이 상호 협의해야 합니다.

계약 기간이 2년이라고 해서 거주지에 대한 고민을 입주 후 2년이 경과한 만기 시점부터 할 수 있는 것도 아닙니다. 전세 만기가 돌아오는 몇 달 전부터 만기 이후의 거주지에 대한 고민을 하게 될 것입니다. 즉, 주거에 대해 마음놓고 지낼 수 있는 기간이 생각보다 짧은 것입니다.

그럼 고민 끝에 집을 샀는데 집값이 떨어지면 어떻게 하나고요?

인구가 점점 줄어드는 점 등 때문에 집값이 하락할 거라고 신념같이 믿고 있는 분들을 많이 봤습니다. 그런데 집값을 결정하는 요소는 인구수만이 아닙니다. 인구수 외에도 수요와 공급, 금리, 정책, 심리, 환율, 통화량 등 다양한 요소에 의해 결정됩니다. 수요만 따져봐도 인구수, 가구 수, 소득, 주변 오피스의 공급 등을 따져봐야 합니다. 즉, 집값을 결정하는 데 인구는 작고도 작은 한 요소에 불과합니다. 만약 인구가 3% 줄었는데 주택 수가 10% 줄면 집값을 오를까요, 떨어질까요?

실거주든 투자를 위해서든 집을 사기 위해서는 부동산 공부가 필요합니다. 하지만 공부에 앞서 내가 거주할 집 한 채는 오히려 물가 상승과 집값 폭등에 대한 대비를 하기 위해서라도 반드시 필요합니다.

부동산 투자의 3단계는 매입, 보유, 매도입니다. 그중 가장 쉬운 것이 바로 매입, 즉 집을 사는 것입니다. 싸게 매입하는 것은 어렵지만 시세대로 매입하는 것은 크게 어렵지 않습니다. 내가 살고 있고 당장 팔 생각도 없는 집인데 가격이 하락하는 게 무슨 의미가 있을까요? 오히려 그 반대로 집값이 상승하거나 폭등하면 어떻게 하실 건가요? 그렇기 때문에 내가 살 집 한 채는 보유해야 집값 폭등과 폭락에서 자유로울 수 있습니다. 부동산 투자는 두 번째 매입하는 부동산부터가 시작입니다.

저는 주식을 업으로 하는 지인들에게도 웬만하면 자신이

거주할 집 한 채는 보유하라고 권합니다. 이는 제가 10년 넘게 종사했던 부동산자산운용업계에서도 통용되는 말로, 사회 초년생들에게도 최대한 빨리 주택을 구입할 것을 권합니다. 심지어 친한 선배 한 분은 입사지원자를 인터뷰할 때, 주택을 직접 매수한 후 보유한 사람에게 가산점을 준다고 합니다.

물론 최근 부동산 정책으로 인해 대출 한도도 줄었고, 아직 집 살 여력이 되지 않아 사지 못하는 분들도 계실 것입니다. 그렇다면 본인의 소득 대비 지출을 최소화하여 투자금을 최대한 빨리 모아야 합니다. 참고로 국산 중형차 한 대를 소유하면 (사고가 안 난다고 해도) 주유비, 세금, 수선·유지비, 감가상각비, 보험료 등을 모두 합쳐 월 40~50만 원 정도의 비용이 발생합니다. 저는 내 집 마련을 빨리 앞당기고 싶다면 이런 비용까지도 줄여나가야 한다고 생각합니다. 무엇을 얻고, 무엇을 포기할지에 대한 현명한 의사 결정이 필요한 때입니다.

Q 전세로 사는 게 안전하지 않을까요?

A 전세로 거주하면 보통 2년 후에 임대인에게 맡긴 전세보증금을 그대로 돌려받습니다. 예를 들어, 전세보증금 3억 원을 맡기고 거주했다가 2년 후에 전세보증금 3억 원을 돌려받는 식입니다. 전세로 거주한다는 것은 마치 공짜로 거주하는 것과 비슷한 기분일 것입니다. 하지만 과연 전세로 거주하는 것이 안전한 것일까요?

전세로 거주하면 취득세, 중개보수, 보유세, 건강보험료, 각종 유지보수 비용으로부터 비교적 자유롭습니다. 전세 세입자는 거주하면서 발생하는 수선비 중 일부 작은 부분에 대해서만 수선 의무를 지니고, 임대 계약 시 발생하는 중개보수 정도만 부담하면 되기 때문입니다.

하지만 똑같은 3억 원이라 해도 2018년의 3억 원과 2020년의 3억 원은 다릅니다. 바로 물가상승률 때문입니다. 만약 2년 동안 물가가 5%가 오른다고 가정하면, 2년 후 3억 원의 실제 가치는 지금 시점에서는 약 2.86억 원으로 줄어드는 것입니다. 사실상 물가상승률 때문에 더 적은 돈을 돌려받게 되는 것이죠.

또 전세로 거주한다는 것은 기본적으로 주택 가격이 하락하는 쪽에 투자하는 것이라고 보면 됩니다. 조금 어렵게 설명하면 전세로 거주하는 것은 자산 가격이 하락해야 이익이 나는 투자 포지션을 취하고 있는 것이나 다름이 없는데, 1주택을 취득해야 비로소 중립 포지션을 취하게 됩니다. 사실 1주택자는 집값이 오르든 내리든 큰 의미가 없습니다. 가격 변동과 상관없이 살 집은 있어야 하기 때문입니다.

서울시 성동구 행당동의 한 아파트를 예로 들어보겠습니다.

행당동의 한 아파트 20평형대의 경우, 현재 시세로 6억 2,500만 원인데 1년 전에는 4억 7,000만 원, 2년 전에는 4억

4,000만 원, 3년 전에는 4억 1,000만 원이었습니다. 3년 만에 2억 1,500만 원이 오른 것입니다. 무려 가격이 52%나 상승했습니다. 최근 3년간 서울 부동산 시장이 전반적으로 상승장이긴 했지만, 미래에도 이런 일이 또다시 발생하지 않을 것이라고는 누구도 장담할 수 없습니다.

최근과 같은 상승장이 아니더라도 과거 수십 년의 집값 상승곡선과 통화량, 임금, 물가가 올라가는 것을 고려하면 집값은 (낮은 기울기로라도) 우상향할 가능성이 높습니다. 다른 모든 변수를 제외하고 통화량만을 고려했을 때, 한국은행과 각국 은행들은 화폐를 많이 찍을까 적게 찍을까를 걱정하지 소각할 생각은 하지 않기 때문입니다.

통화량이 늘어난다는 것은 시중에 통화(≒현금)가 많아진다는 의미입니다. 시중에 돈이 많으면 실물 자산의 가격은 오를 수밖에 없습니다. 수요와 공급 법칙에 의해 돈의 가치가 떨어지기 때문입니다.

또 현재의 부동산 시장에서는 매년 2.6% 정도 집값이 상승하면 전세로 사는 것보다 매매하는 게 유리합니다. 취득세, 보유세, 유지보수비, 대출이자, 기회비용 모두를 감안해도 집값 상승액이 나머지 비용을 상쇄하기 때문입니다. 그리고 주거 안정성까지 덤으로 받게 됩니다.

5억 원인 집이 1년 후 2%만 올라도 상승한 가격은 1,000만 원입니다. 매년 2%씩 3년 동안 오른다면 약 3,060만 원이 상승합니다. 직장인이라면 1년에 월급 1,000만 원 모으기도 어렵다는 것을 잘 알 것입니다. 연 2%라는 숫자는 비상식적 수준의 폭등이 아닙니다. 물가상승률 정도의 상승률에 불과합니다. 과거 7년 평균 전국 소비자물가상승률이 연 1.8%이기 때문입니다.

그렇기 때문에 집값이 1,000만 원 단위로 오르는 것이 비정상적이라고 말하기 전에, 정말 그 가격의 상승폭이 폭등 수준인지 파악하고 그것이 아니라면 계속 전세로 살지, 하루빨리 매매해야 할지 판단해야 할 것입니다.

	2011년	2012년	2013년	2014년	2015년	2016년	2017년	평균
소비자물가지수	4.0	2.2	1.3	1.3	0.7	1.0	1.9	1.8
농산물 및 석유류 제외 지수	3.2	1.7	1.6	2.0	2.2	1.6	1.5	2.0
식료품 및 에너지 제외 지수	2.6	1.6	1.5	1.7	2.4	1.9	1.5	1.9
생활물가지수	4.4	1.7	0.7	0.8	−0.2	0.7	2.5	1.5
신선식품지수	6.3	5.9	−1.3	−9.3	2.1	6.5	6.2	2.3

▶연간 소비자물가 동향(출처: 통계청, 단위: %)

Q 예적금 드는 게 가장 안정적인 투자 아닌가요?

A 직장생활로 벌어들이는 근로소득의 실질적인 가치는 얼마나 될까요? 지금 안정적인 직장에 다니고, 매월 고정적인 수입이 있다고 해도 한 번쯤 생각해봐야 할 문제입니다.

연봉이 3,500만 원인 30세 직장인이 있다고 가정해보겠습니다.

이 사람의 연봉이 매년 3%씩 증가하고 49세까지 일한다고 했을 때, 20년간 받을 근로소득은 총 8억 600만 원입니다.

그런데 이 총소득을 현재 가치로 환산하면 6억 5,900만 원입니다.

총소득을 현재 가치로 환산할 때는 물가상승률 2%를 적용했습니다. 물가상승률을 적용한 이유는 미래에 발생하는 현금을 현재 시점으로 조정해야 현재의 자산 가치(여기서는 직장인의 몸값)를 좀 더 정확하게 산정할 수 있기 때문입니다.

그리고 10년마다 평균수명이 3년씩 증가하는 추세로 볼 때, 49세까지 모은 돈으로 최소 30년은 살아가야 할 것입니다. 위의 계산대로라면 소득의 50%를 저축했다고 해도 30년간 매월 쓸 수 있는 현금은 약 92만 원에 불과합니다. 그리고 이마저도 미래를 위해 제대로 소비하지 못할 것입니다.

어떻습니까? 이렇듯 직장생활을 하는 동안 받은 연봉의 합은 높다고 보기 어렵습니다. 따라서 직장생활로 얻은 근로소

연차	1	2	3	4		17	18	19	20	계
나이(세)	30	31	32	33		46	47	48	49	–
연봉(만 원)	3,000	3,100	3,200	3,300		4,800	5,000	5,100	5,300	80,600
물가상승률을 반영한 연봉 (만 원)	3,000	3,000	3,100	3,100		3,500	3,500	3,600	3,600	65,900

▶ 미래에 발생할 총 근로소득을 현재 가치로 환산한 경우

득만으로 안전한 미래를 보장받기는 어려울 수 있습니다.

예금은 어떨까요.

많은 사람이 금리는 낮지만 가장 안전하게 자산을 보호하는 방법이 예금이라고 생각합니다. 하지만 금리와 물가상승률을 고려하면 꼭 그렇지도 않습니다. 물가상승률이 금리를 상회하면 실질적인 화폐 가치는 떨어지기 때문입니다.

좀 더 구체적으로 설명해볼까요? 최근 1년 정기예금 금리는 2.0~2.2% 정도입니다. 반면 최근 3년 평균 소비자물가상승률은 1.2% 정도입니다. 심지어 최근 3년 평균 신선식품의 가격상승률은 무려 4.9%나 됩니다.

정기예금 금리에서 소비자물가상승률을 뺀 실질금리는 0.8~1.0%에 불과합니다. 2011년의 경우, 소비자물가상승률이 4.0%를 기록하면서 실질적인 정기예금 금리는 마이너스가 되기도 했습니다.

또 예금자보호법에 따라 은행으로부터 보호받을 수 있는 예금의 범위는, 원리금을 합쳐 각 은행별 5,000만 원에 불과합니다.

실질금리와 예금자보호법에 의해 보호받을 수 있는 금액을 고려하면, 예금이 꼭 안전하다고만 볼 수 없을 것입니다.

물가 상승으로 인해 실질적으로 내 돈이 커지는 속도는 굉장히 느린 것입니다. 그렇기 때문에 노후 준비를 위해서는 예적금뿐 아니라 투자도 반드시 해야 합니다.

집값, Q 지금이 고점 아닌가요?

A 다음은 제 지인들이 자주 하는 질문이면서, 부동산 관련 커뮤니티에도 많이 올라와 있는 질문입니다.

"지금 집값, 고점 아닌가요?"

"요즘 집값이 너무 많이 올라 거품인 것 같은데, 지금 집을 샀다가 손해 보면 어쩌죠?"

일반인들뿐 아니라 부동산 전문가들조차도 종종 '고점'이라는 단어를 씁니다. 하지만 저는 고점이라는 말을 들으면 조금 당황스럽습니다. 과연 어느 누가 집값의 고점을 계산할 수 있을까요?

집값이 고점인지 계산하려면 주택의 수요 및 공급, GDP(국내총생산) 성장률, 통화량, 물가, 금리, 환율, 소득, 인구, 심리, 정책, 경쟁 투자 상품들, 최저임금 등에 대해 분석하고 이 모든 지표들을 계량화한 후 각 지표들의 상관관계에 대해 분석하고, 이 지표들의 향후 움직임에 대해 파악해야 할 것입니다. 그렇기 때문에 고점을 예측하는 것은 사실상 불가능하다고 생각합니다.

집값이 너무 많이 오른 것 아니냐는 질문에 답하기 위해 GDP 성장률과 집값 상승률에 대해 설명해보려고 합니다.

GDP 성장률과 집값의 상승률은 비례하며, 그 상관관계는 상당히 높습니다. GDP의 성장에 따라 소득이 늘어나고, 물가도 올라가며, 집값도 자연스럽게 올라가기 때문입니다. 나라의 전체 소득이 늘어나는데 부동산 가격이 오르는 것은 어쩌면 자연스러운 일일지 모릅니다.

다음의 그래프에서 2006년 말부터 2017년 말까지 우리나라의 GDP가 79% 상승할 동안, 전국 공동주택 가격은 49%만 상승한 것을 볼 수 있습니다. 물론 특정 지역은 최근에 많이 상승했지만 평균적으로 볼 때 집값이 거품이라고 판단하기는

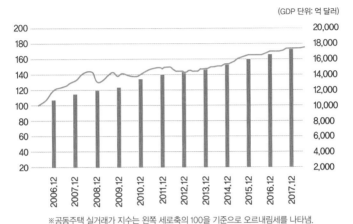

※공동주택 실거래가 지수는 왼쪽 세로축의 100을 기준으로 오르내림세를 나타냄.

▶우리나라 공동주택 실거래가 지수와 GDP의 상관관계(출처: 통계청)

어려운 수준입니다.

통화량 또한 계속 늘어왔습니다. 시장에 통화량이 늘면 그 돈은 시장 경제의 원리에 따라 어디론가 흘러가게 됩니다. 그리고 늘어난 통화량의 상당 부분은 실물 자산, 특히 부동산으로 흘러들어갑니다. 한 예로 토지가 수용돼 지주들에게 현금이 지급되면 그 현금 중 상당 부분이 인근의 부동산으로 흘러들어간다는 것은 누구나 아는 사실입니다. 부동산으로 돈을 벌어본 사람들은 계속 부동산에 투자하기 때문입니다.

GDP와 통화량만 따져봐도, 당장 집값이 폭락할 근거는 희박합니다. 앞으로 본인의 소득이 점차 줄어들 것이고, 주변 사람들의 평균소득도 줄어들며, 물가가 내려가고, 통화량도 줄어들 것이라고 예측한다면 부동산에 투자하지 말아야 합니다. 만약 그렇게 된다면 실제로 집값이 하락할 수도 있으니까요.

하지만 생각해봅시다. 우리가 언제 "물가가 너무 내려가서 다행이야"라고 이야기한 적이 있었나요. 늘 물가가 너무 올라서 염려하지 않았던가요.

다시 한 번 강조합니다. 집값이 고점이라고 매매를 주저하기보다는 집값이 오르거나 내리는 것에 상관없이 안정적으로 생활할 수 있는 집 한 채를 사는 게 현명한 선택이라고 생각합니다.

집값 10년 주기설에 따르면 이제 하락기 아닌가요?

"1998년도에 IMF 위기가 왔고, 2008년도에 글로벌 금융위기가 왔기 때문에 2018년에도 경제 위기가 올 것이다!"

작년과 올해에 특히 많이 들었던 이야기입니다. 이런 말을 들을 때 저는 이런 생각을 합니다. 그럼 1988년은 어떻게 설명해야 할까요? 1978년과 1968년은요?

저는 1998년과 2008년에 경제 위기가 왔기 때문에 올해도 위기가 올 거라는 생각은 일반화의 오류라고 생각합니다.

우리나라의 경제는 생각보다 튼튼합니다. 우리나라의 GDP 순위는 무려 11위로, 아시아 국가 중 3위입니다. 호주, 네덜란드, 스웨덴, 벨기에, 오스트리아, 노르웨이, 덴마크, 싱가포르, 핀란드 등 많은 선진국보다도 순위가 높습니다.

국가신용등급은 미국, 독일, 캐나다, 호주, 싱가포르, 영국, 홍콩에 이어 8위입니다(무디스 기준). 프랑스와 함께 AA(Aa2) 등급으로, 일본과 중국보다 높습니다.

또 실질 GDP 성장률이 마이너스였던 해는 1980년과 1998년뿐이었습니다. 1998년 성장률은 마이너스 5.5%를 기록했습니다. 하지만 다음 해인 1999년에 11.3%로 반등합니다. 세계금융위기 전후인 2007~2009년의 실질 GDP 성장률은 각각 5.5%, 2.8%, 0.7%를 기록합니다. 다른 국가들에 비하면 금융위기도 비교적 무난하게 넘겼습니다.

투자자라면 기본적으로 경제에 대해 긍정적으로 전망해야 합니다. 또 다른 금융위기가 곧 올 것이고, 경제가 어려워질 것이라고 생각한다면 지금 당장 이 책을 덮고 가지고 있는 모든 자산을 현금으로 바꿔 은행이나 금고에 보관하는 것이 좋을 것입니다.

최근 몇 년간 조선업, 해운업, 건설업 등 많은 업종의 성적

표가 좋지 않았습니다. 하지만 동시에 4차 산업을 비롯하여 우리가 잘 알지 못하는 많은 분야에서 새로운 아이디어와 혁신이 계속되고 있습니다. 제약, AI, 공유 경제, 드론, 자율주행차 등이 좋은 예입니다. 그렇기 때문에 OECD와 많은 연구 기관에서 향후 2~3년간의 GDP 성장률을 2% 후반에서 3%까지 보는 것입니다.

멈춰진 시계처럼 하루에 시간을 2번 맞추기 위해 멈춰 있겠습니까 아니면 항상 시간을 맞추기 위해 끊임없이 달리겠습니까.

Q 금융위기가 오면 어쩌죠?

A 금융위기가 올 때 우리는 어떻게 대처할 수 있을까요? 부동산 투자자가 대처할 방법은 딱히 없습니다. 주식이야 재빨리 매도할 수 있지만 부동산은 빠른 매도가 불가능합니다. 급매로 판다고 해도 최소 일주일 이상은 걸릴 것입니다. 따라서 경기가 회복될 때까지 버티는 수밖에 없습니다.

1주택자는 더더욱 대처할 방법이 없습니다. 현실적으로 집을 팔아서 전세나 월세로 임차하기는 쉽지 않을 것입니다. 특히 자녀가 있거나 노부부인 경우에는 더더욱 어려울 것입니다.

금융위기가 두렵다면 정기예금에 가입하는 방법 외에는 별다른 방법이 없습니다. 물론 사실상 물가상승률을 감안하면 원금 손실 가능성이 있지만, 정기예금에 의존하며 저축액을 극대화해야 할 것입니다.

하지만 근로소득자가 저축액을 극대화하기는 쉽지 않습니다. 설령 저축액을 늘린다고 하더라도 조금만 계산해보면 불편한 진실과 맞닥뜨리게 됩니다. 월 평균 실수령액이 400만 원인 사람이 급여의 30%인 월 120만 원을 저축한다고 해도 20년 동안 모을 수 있는 금액은 2억 8,800만 원에 불과합니다. 이 돈을 30년 동안 사용한다면 매월 80만 원밖에 사용하지 못합니다. 이마저도 본인이 사망하는 시점을 정확히 안다는 가정 하에서 쓸 수 있는 것이지, 실제로는 원금 보존의 갈망 때문에 제대로 소비하지 못할 가능성이 높습니다. 물론 이는 이자소득을 제외한 가정이지만, 이자소득을 감안하더라도 물가를 감안하면 의미 없는 숫자가 나옵니다.

투자하지 않고 정기예금에 의존해 사는 것이 더 위험하기 때문에, 대부분 사람들이 진퇴양난의 상황에 처해 있습니다.

물론 금융위기가 또 올 수도 있습니다. 모든 실물 자산에는 사이클이 있기 때문입니다. 하지만 우리가 경험을 통해 알고 있는 것처럼, 금융위기는 왔다가도 회복되지만 금융위기에 대한 두려움 때문에 투자하지 않는다면 자산이 늘어날 기회조차 얻을 수 없습니다.

자신의 재무상태표와 손익계산서를 수시로 점검하고, 감당할 수 있는 만큼 투자를 해나가면서 버틴다면 금융위기가 오더라도 무탈하게 넘길 수 있을 것입니다. 투자는 버티고 살아남으면 이기는 것입니다.

Q 집값이 떨어지는 것을 기다렸다 사면 어떨까요?

A 집값이 떨어지면 집을 구입하겠다는 대기 수요자들을 무수히 많이 봤습니다. 한 예로 부동산 카페에서 하락론을 주장하는 대부분의 회원들은 사실상 수요자입니다. 하락론자가 왜 부동산 카페에 들어올까요? 부동산 카페에서 시장의 동향을 파악하면서 투자할 기회를 노린다는 자체가 잠재 수요자라는 뜻입니다.

그렇다면 과연 집값이 얼마나 떨어지면 집을 구매하시겠습니까? 지금 집값의 10%? 20%? 심리적으로 집값이 떨어지고 있는 순간, 집을 매수하기는 어렵습니다. 앞으로 더 떨어질지 모른다는 공포에 휩싸이기 때문입니다.

그리고 우리나라 역사상 집값이 크게 하락한 경우는 외환위기와 글로벌 금융위기 때뿐입니다. 그 외에는 집값이 완만하게나마 계속 상승해왔습니다. 그러니 집을 사기 위해 집값이 떨어지기를 기다린다는 것은 가능성이 낮은 일에 희망을 거는 것이나 마찬가지 아닐까요.

이번에는 막연한 가정이 아니라, 실무적으로 현재 집이 없다면 집값이 떨어질 때 집을 구매하기 어려운 이유에 대해 설

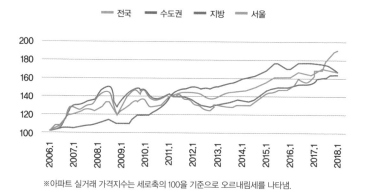

※아파트 실거래 가격지수는 세로축의 100을 기준으로 오르내림세를 나타냄.

▶아파트 실거래 가격지수(출처: 통계청)

명해보겠습니다.

7억 원의 자산을 보유한 두 사람이 있다고 가정해보겠습니다. A는 7억 원 하는 본인 소유의 집에 거주하고 있고, B는 전세보증금이 6억 원인 집에 전세로 거주하며 현금 1억 원을 은행에 맡기고 있습니다.

이때 금융위기 등의 예기치 못한 외부 변수에 의해서 갑자기 집값이 떨어집니다. 그러자 두 사람 모두 집을 매수하기 좋은 타이밍이라고 판단하고 주택을 매수하려 합니다.

A는 다음 날 부동산에 가서 본인 소유의 집을 매물로 내놓고, 동시에 담보 대출을 활용하여 더 넓고 좋은 집을 매수하여 갈아탑니다. 현재는 대출 규제로 인해 어려워지기는 했지만, 얼마 전까지만 해도 은행에 본인 소유의 집을 담보로 주택담보대출을 받아 두 번째 주택을 매수하는 방법을 사용할 수도 있었습니다.

B는 보유한 현금 1억 원만으로는 주택을 구매하기 어려워, 전세보증금을 담보로 대출받기 위해 집주인에게 동의를 요청합니다. 그런데 이 요청은 집주인에게 거절당할 가능성이 높습니다. 설령 동의를 받더라도 집주인에게 보증금을 인상해주는 등의 반대급부를 제공해야 할 수 있으며, 동의하는 데 시

간이 걸려 매수 타이밍을 놓칠 수도 있습니다.

즉, **자가 보유자가 주거 안정성뿐 아니라 현금 동원력 측면에 있어서도 유리합니다.** 만약 집값의 등락을 정확히 예측할수 있다면 전세가 아닌 월세로 거주하며 현금을 보유하면서 집값이 떨어지기를 기다려야 할 것입니다. 그런데 그럴 수 있는 사람은 극소수입니다. 그리고 때를 기다리며 월세로 높은 주거비용을 감당하고, 현금을 보유하면서 물가 상승에 그대로 노출되는 것이 더 큰 모험일 수 있습니다.

최근 특정 아파트 단지 가격의 오르내림을 살펴보면, 1년사이 1억 원이 오르고, 다음 해에 또 2억 원이 오르고, 그다음해에 1억 원이 오르는 추세를 보입니다. 물론 부동산 정책 등이 발표되는 시점에 5,000만 원 정도가 조정됩니다. 그런데5,000만 원이 조정되는 시점을 집값이 떨어진 시기라고 말할수 있을까요? 그리고 이 시점에 가격이 떨어졌기 때문에 집을살 수 있을까요? 아마도 구입하기 어려울 가능성이 큽니다. 추가 하락 가능성에 대한 공포 때문입니다.

일반적으로 서울의 아파트는 급매나 경매로 구입할 수 있는 가격의 할인 폭이 시세의 4~5% 수준입니다. 물론 20억 원하는 아파트의 5%는 1억 원이기 때문에 큰 금액입니다. 하지만 중요한 점은 시세보다 4~5%만 저렴해도 매수할 사람이 줄을 선다는 것입니다. 시장에는 생각보다 많은 매수 대기자가 존재합니다.

그러므로 집값 하락을 기다리는 것보다 자신이 재무적으로 준비되었을 때 집을 사라고 말씀드리고 싶습니다.

Q 이렇게 비싼 집을 살 수 있는 사람이 정말 많을까요?

A 얼마 전, 부동산에 관심이 있는 친구 네 명과 서울 소재 아파트의 등기부등본 80개를 무작위로 발급받아 봤습니다. 각자 관심 있는 아파트 두세 단지를 선택한 후, 특정 동·호수를 정하고, 위아래 호수를 정해 20개씩 등기부등본을 발급받은 것입니다. 예를 들면 A아파트의 101동 401호, 501호, 601호, 701호, 801호, 901호, 1001호를 순서대로 발급했던 것입니다.

이런 식으로 강남 3구와 광진구 소재 9개 유명 아파트 단지의 등기부등본을 확인했습니다. 등기부등본을 취합한 결과 다른 어떤 점보다 놀라웠던 것은 해당 아파트의 주택담보대출비율(LTV, Loan to Value)이 낮았다는 점입니다.

저희가 조사한 80개 아파트 소유자의 평균 정보는 다음과 같습니다.

- **소유자 평균 나이** 57세
- **아파트 평균 시세** 약 23억 원
- **담보대출만 부채로 간주할 때 평균 부채** 약 1.6억 원(LTV 7.5%)
- **전세보증금까지 부채로 간주할 때 평균 부채** 약 7.4억 원(대출원금 +전세보증금 시세 추정치, LTV 32.3%)

저희가 조사한 대출금은 최초 대출원금이지 현재의 대출 잔액이 아닙니다. 그리고 해당 아파트에서는 전세보증금이 부채이지만, 임차인에게 전세보증금의 상당 부분은 자기자본일 것입니다. 즉, 실제 LTV는 훨씬 더 줄어들 것입니다.

물론 80개의 아파트를 조사한 결과이기 때문에, 표본 숫자가 너무 적다는 반론이 있을 수 있습니다. 하지만 국토교통부의 2014년 '주거실태조사 보고서'에 따르면 주택 소유자의 LTV는 12.7%에 불과하다고 합니다. 이후 발행된 '주거실태조사 보고서'에는 LTV 관련 내용이 더 이상 나오지 않아 최근의 변화를 확인할 수 없지만, 제가 조사한 결과와 큰 차이는 없을 것입니다.

저는 2016년에도 같은 조사를 했었는데, 당시의 평균 정보는 다음과 같았습니다.

- **소유자 평균 나이** 54세
- **대출금 LTV** 12.7%

약 2~3년 사이 대출금에는 변동이 없고, 집값이 69%(12.7%/7.5%) 올라서 LTV가 낮아진 것이라고 추정해볼 수도 있습니다.

여기서 하고 싶은 말은 우리나라에 부자가 많다는 사실입니다. 집값이 천정부지로 오르는 것 같고 과연 이 집을 누가 살까 싶겠지만, 대출을 받지 않고도 비싼 집을 살 수 있는 사람은 많습니다. KB금융지주 경영연구소에서 발표한 2018년 '한국 부자 보고서'에 따르면 금융자산이 10억 원 이상인 부자의 수가 무려 27만 8,000명이나 되며, 그 수는 매년 약 13.6%씩 늘어나고 있다고 합니다. 그래서 좋은 지역에서 급매물이 나올 가능성도 높지 않습니다. 급매물로 내놓을 만큼 사정이 어려운 소유자가 많지 않기 때문입니다.

그렇기 때문에 대출을 엄청나게 받아서 집을 산 사람들이 집값 하락기에 급매로 매물을 내놓을 거라는 기대는 어쩌면 헛된 기대일지도 모른다는 사실을 알아야 합니다.

금리가 오를지 모르는데 대출받아 집 사도 괜찮을까요?

A 금융 지식이 부족한 사회초년생이나 처음으로 내 집 마련을 준비하는 분들과 이야기를 나눠보면 대출에 대한 거부감이나 두려움을 가진 분들이 많다는 걸 느낍니다. 바로 이자에 대한 부담 때문입니다.

우리는 어렸을 때부터 어른들께 "대출은 절대로 받으면 안 된다"는 말을 들으며 자라왔습니다. 두 자릿수의 이자를 경험해봤거나 3~5%의 선취수수료를 은행에 납부해본 경험이 있는 어른들이라면 분명 대출이 위험한 것이라고 하실 것입니다. 그런데 대출이 정말 위험한 걸까요?

은행에서 연 3.5%의 금리로 1억 원을 빌린다고 가정해보 겠습니다. 그리고 물가는 매년 1.5%씩 높아진다고 가정해보 겠습니다. 이때 개인이 부담하는 이자는 사실상 2.0%입니다. 매년 3.5%의 이자를 부담하지만, 사실은 2.0%는 이자로 부담 하고 1.5%는 저축하는 것입니다. 왜냐하면 1억 원을 빌린 사 람의 1년 후 실질적인 원금은 화폐 가치가 하락하여 자동으로 9,852만 원이 되기 때문입니다. 물가 상승으로 인해 강제 저 축 효과가 생기는 셈입니다.

경제 주체인 정부와 기업은 언제나 부채를 활용합니다. 가 계도 다른 경제 주체와 발맞춰 적당한 부채를 활용하여 레버 리지 효과를 보는 것이 꼭 위험하다고 볼 수만은 없을 것 같습 니다.

그리고 지금은 저금리 시대입니다. 2016년 여름 저점 대비 금리가 오른 것은 사실이나 여전히 금리는 낮습니다. 그리고 주택금융공사와 같은 곳에서는 (자격 요건만 갖춘다면) 보금자 리론과 같은 상품을 통해 최장 30년까지 고정 금리로 이용할 수 있는 대출 상품을 제공합니다. 일반인들도 시중 은행에서 5년 고정 금리로 대출받을 수 있습니다.

최대 30년 고정 금리인 대출 상품도 있습니다. 금리가 올라 이자만 갚는 데 허덕일까 봐 두렵다면 이러한 상품을 선택하여 금리 인상에 대한 리스크를 낮추면 됩니다. 가장 나쁜 것은 직접 비용을 계산해보지도 않고 막연히 두려워만 하는 것입니다.

물론 모든 대출이 권할 만하다고 하는 것은 아닙니다. 투자를 목적으로 받는 담보대출은 좋은 빚에 가깝지만, 소비를 목적으로 (담보를 제공하지 않고) 받는 신용대출은 위험할 수 있습니다. 담보대출이야 자산을 매도해서 원리금을 상환할 수 있지만, 신용대출은 자칫 잘못하면 원리금이 눈덩이처럼 계속 불어나 상환이 불가능한 수준에 이를 수 있기 때문입니다. 한번 높아진 소비 수준을 다시 낮추기는 정말 어렵습니다.

담보의 유무와 자금의 용도를 잘 고려하여 대출을 적절하게 사용하는 것은 자본주의 사회를 살아가는 경제 주체의 합리적인 의사 판단입니다. 무분별한 대출은 위험하지만, 대출을 지나치게 두려워할 필요는 없습니다. 특히 대출 조건에 부합한다면 정부에서 제공하는 복지성 저금리 대출 상품은 가능한 한 활용할 필요가 있습니다.

금리가 오르면 집값이 떨어질지 모른다는 걱정도 많이 하는 것 같습니다. 그런데 저는 금리와 우리나라 집값의 상관관계가 높지 않다고 생각합니다.

(다른 모든 변수를 고정할 때) 연 임대료가 500만 원인 자산의 경우 시장의 요구수익률이 5%라면 자산 가격은 1억 원(5백/5%)일 것이고, 요구수익률이 5.5%라면 약 9,100만 원(5백/5.5%)일 것입니다.

정리하면, 시장의 금리가 5%에서 5.5%로 올라갈 때 자산 가격은 1억 원에서 9,100여만 원으로 떨어지는 것입니다.

연 임대료(원)	요구수익률(%)	가격(원)
	4.5	111,111,111
	4.6	108,695,652
	4.7	106,382,979
	4.8	104,166,667
	4.9	102,040,816
5,000,000	5.0	100,000,000
	5.1	98,039,216
	5.2	96,153,846
	5.3	94,339,623
	5.4	92,592,593
	5.5	90,909,091

▶요구수익률에 따른 자산의 가격 변화

이렇듯 일반적인 수익형부동산에는 금리가 미치는 영향이 거대합니다. 하지만 집은 조금 다릅니다. 우리나라에 전세 제도라는 특이한 시스템이 있다는 점, 수요와 공급, 정책, 심리 등의 강력한 변수로 인해 아래의 그래프와 같이 금리와 집값의 반비례 공식이 별로 들어맞지 않습니다.

또 우리나라 주택의 보유자 평균 연령은 50대 중반입니다. 그리고 집을 사기 위해 대출받은 금액 즉, 집값의 시세 대비 주택담보대출비율은 10% 전후에 불과합니다.

주변의 50대 초반의 주택 실소유자에게 한번 물어보십시

※ 세로축 100을 기준으로 아파트 가격과 금리의 추세를 나타냄.

▶ 아파트 가격과 금리의 관계(출처: 통계청)

오. 아마 임대소득이나 사업소득이 꾸준한 분들을 제외하고
는 대부분 대출을 거의 받지 않고 집을 구매할 것입니다. 앞에
서 이야기한 것처럼 예상 외로 빚을 많이 지고 집을 구입하는
사람이 적다는 뜻입니다.

그리고 자산가, 특히 예금 생활자들에게 금리 인상은 악재
가 아니라 호재입니다. 금리 상승으로 인해 자산은 오히려 안
정적으로 불어나고, 위험 자산에 투자할 필요도 없어지며, 구
매력은 상승합니다. 금리 상승으로 피해를 보는 것은 오히려
대출을 많이 받아 주택을 구입한 젊은 사람들일 것입니다.

돈을 벌어서 부동산을 사야 하는가 아니면 부동산을 사서
돈을 벌어야 할 것인가. 이는 닭이 먼저냐 달걀이 먼저냐와 같
은 문제입니다. 하지만 수억 원이나 하는 부동산을 대출 없이
구입하기는 현실적으로 어려운 일입니다. 아마 15~20년은
꼬박 일해야 가능할 것입니다. 이마저도 현재의 집값과 미래
에 본인이 매입할 집의 집값이 크게 차이 나지 않을 때나 가능
할 일입니다. 그러므로 가계의 소득 수준과 상환 계획을 철저
히 따져본 후에 대출을 적절히 활용하여 집을 마련하는 것은
권할 만한 일입니다.

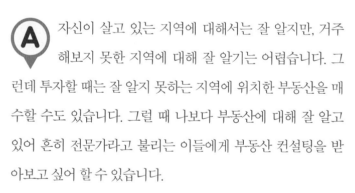

부동산 컨설팅을 받는 게 도움이 되나요?

자신이 살고 있는 지역에 대해서는 잘 알지만, 거주 해보지 못한 지역에 대해 잘 알기는 어렵습니다. 그 런데 투자할 때는 잘 알지 못하는 지역에 위치한 부동산을 매 수할 수도 있습니다. 그럴 때 나보다 부동산에 대해 잘 알고 있어 흔히 전문가라고 불리는 이들에게 부동산 컨설팅을 받 아보고 싶어 할 수 있습니다.

그렇다면 부동산 전문가에게 받는 컨설팅이 의사 결정을 하는 데 반드시 도움이 될까요? 정답은 그럴 수도 있고 아닐 수도 있습니다.

직접 아무런 분석을 해보지 않고 컨설턴트에게 특정 아파트 단지를 찍어달라고 한다면 도움은커녕 큰 손해를 볼 수도 있습니다. 질이 나쁜 컨설턴트의 경우, 자신의 자산 가격 상승을 위해 본인이 소유한 아파트 단지를 추천할 수도 있습니다. 혹은 공인중개사로부터 중개보수 중 일부를 받기 위해 추천하는 등 다양한 이유로 특정 단지를 권할 수 있습니다.

제가 전업 투자를 하며 느낀 점은, 자금을 조달하는 것보다 좋은 물건을 찾기가 더 어렵다는 것입니다. 진짜 좋은 물건을 발견했다면 어떻게든 자금을 조달하여 그 물건에 투자할 수 있습니다. 투자 고수라면 좋은 물건을 남에게 추천하지 않습니다. 본인이 직접 삽니다.

부동산 투자는 스스로 하는 것입니다. 다른 방법은 없습니다. 보통 자동차, 핸드폰, TV 등 수백만 원부터 수천만 원에 이르는 물건을 구입할 때 우리는 몇 날 며칠을 고민합니다. 오프라인에서 여러 매장을 둘러보고, 온라인에서 구매 후기, 최저가 검색 등을 셀 수 없이 찾아보다 보면 어느새 전문가 수준으로 지식이 쌓이는 것을 느끼게 됩니다. 입시 준비를 하는 수험생처럼 공부해보기 바랍니다.

부동산도 마찬가지입니다. 여러 부동산중개사무소를 방문하여 이야기를 나누고 스스로 공부하다 보면 어느 정도 감이 오는 것을 느낄 수 있을 것입니다.

물론 컨설팅을 통해 도움을 받을 수도 있습니다. 자신이 매수하려는 특정 물건에 대해 의견을 구하는 경우라면 도움을 받을 수 있습니다. 다만 상도 있는 컨설턴트라는 전제가 필요합니다. 좋은 물건이라고 여겨지면 컨설턴트가 해당 물건을 직접 매수하는 경우도 있을 수 있기 때문입니다.

일단 내가 매수하고 싶은 단지를 정해놓고, 자문을 통해 추가적으로 확인해야 할 사항들에 대해 점검받는다는 생각으로 컨설팅받는 게 좋습니다. 그러면 컨설턴트가 경험한 직간접적인 사례를 통해 현재 매입가나 임대료 시세에 대한 의견을 줄 수 있습니다. 투자 경험이 많은 사람이 초보자에 비해 많은 부분을 볼 수 있기 때문입니다.

요즘에는 블로그나 SNS를 통해 데이터와 숫자를 기반으로 부동산 투자에 대해 설명하는 윤리적인 전문가들이 많습니다. 유명 부동산 관련 블로그나 웹사이트 등을 직접 둘러본 후에 스스로 논리적이고 설득력 있다고 여겨지는 분이 있다면 직접 문의하고 그에 대한 적절한 대가를 치르는 게 좋지 않을까 싶습니다. 다른 어느 때보다 블로그나 SNS를 통해 투자자들 간의 소통도 활발해진 시대이니, 이를 잘 활용하면 예상한 것 이상의 혜택을 얻을 수도 있을 것입니다. 다만 매매 계약서에 도장을 찍고 물어보는 의미 없는 행동은 삼가시기 바랍니다.

Q 임대소득은 불로소득 아닌가요?

A 노후 생활비를 어떻게 해결하고 싶은지 물어보면 "노후에는 월세를 받으며 편하게 생활하고 싶어요"라고 말하는 분들이 많습니다. 월세받을 집 몇 채만 있으면 다달이 월급처럼 생활비가 들어와서 편하게 생활할 수 있을 거라는 환상이 있는 듯합니다.

그러나 의외로 월세받아 생활하는 것, 아니 그 이전에 투자할 만한 집을 매매하는 것 자체가 쉬운 일은 아닙니다.

최근에는 투자를 위해 집을 여러 채 매수하는 것을 죄악시하는 분위기까지 생기고 있습니다. 그런데 과연 부동산 투자로 얻는 임대소득이 불로소득일까요?

예를 들어 아파트 한 채를 매입한다고 가정해보겠습니다.

일단 투자할 매물을 선정하기까지 점검해야 할 사항이 한두 가지가 아닙니다. 지하철역에서 아파트 단지까지 가는 길은 어떤지, 출퇴근 시간에 인근 도로 상황은 어떤지, 초등학교까지 가는 길이 안전한지, 실내에서 보이는 뷰는 어떤지, 수납공간은 많은지, 주 출입구로부터 동선은 어떻게 되는지, 땅은 평평한지, 층간 소음이 있는지, 편의시설은 어디에 어떻게 있는지, 유해시설은 없는지, 주차장 공간은 얼마나 여유가 있는지, 주차장 폭은 얼마나 넓은지, 누수나 결로 또는 곰팡이는 없는지, 수압은 강한지, 엘리베이터 대기 시간은 어떤지 등 당장 생각나는 것만 나열해도 점검할 사항이 많아 두세 번 방문해서는 이 모든 것을 파악할 수 없습니다.

지인 중 한 분은 투자한 부동산 인근까지 차마 살피지 못했는데, 잔금을 치른 후에 주변에 묘지시설이 있다는 사실을 알게 된 적도 있다고 합니다.

부동산 투자를 하기 위해서는 직접 손품과 발품을 팔아가며 확인해야 합니다. 출퇴근 시간의 분위기를 파악하려면 아침에도 가보고, 저녁에도 가봐야 합니다. 주말에도 가보고, 주중에도 가보고, 해당 부동산의 실제 거주하는 사람과 인터뷰도 해봐야 합니다. 물론 요즘에는 이러한 수고를 줄여주는 온라인 서비스들이 있어 사전 조사 과정에서 도움을 받을 수 있지만 한계가 있습니다. 결국 자기 자신이 이 모든 것을 점검하고 눈으로 확인해야 합니다.

이 모든 과정 끝에 투자할 부동산을 결정했다고 해도 아직처리할 과정이 남았습니다. 공인중개사와 협상하기 위해 수없이 통화해야 하고, 자금 조달을 위해 은행에 수차례 방문하여 대출 계약을 체결하고, 협상 끝에 매매 계약을 체결하고, 임대차 계약이나 임대차 승계 계약을 체결하고, 등기를 위해 법무사에게 등기 업무를 위임하고 마침내 등기부등본에 자신의 이름을 등기한 후에야 비로소 안도의 숨을 쉴 수 있을 것입니다.

매매 과정에 대해 짧게 썼지만 중간중간 구매할 부동산의 가격이 떨어질 것인지에 대한 엄청난 고민과 걱정도 할 것입니다. 가격 하락에 대한 공포를 이겨내야 비로소 마지막 관문을 통과하는 것입니다. 일반적으로 부동산은 절대 가격이 비싸기 때문에 상승률과 하락률에 비해 상승액이나 하락액이 크기 때문입니다. 그래서 저는 임대료란, 등기의 고통에 따른 결실이라고 생각합니다.

저도 최근에 매매 계약을 체결했습니다. 그런데 계약 내용을 두 번이나 변경하게 됐고, 매도인을 세 번이나 만났습니다. 그리고 만날 때마다 평균 5시간을 넘게 협상했고, 협상이 끝나면 진이 다 빠질 지경이었습니다.

부동산을 매입했다고 고민이 끝나는 것은 아닙니다. 자산을 매입하는 것보다 보유하는 게 훨씬 어렵기 때문입니다. 자산을 가지고 있으면 별의별 생각이 다 듭니다. 혹시 전세나 월세를 주고 있다면 임차인이 나가면 어떻게 하지? 임차인이 임대료를 미납하거나 연체하면 어떻게 하지? 크고 작은 고장 때문에 임차인에게 연락이 오면 비용은 누가 부담하지? 임차인이 나가서 공실이 되면 어떻게 하지? 법이 임대인에게 불리하게 바뀌면 어떻게 하지? 대출이자가 오르면 어떻게 하지? 주변에 경쟁 부동산이 많이 공급되면 어떻게 하지… 고민이 끊이지 않습니다. 특히 대출을 많이 받았다면 대출이자에 대한 부담과 걱정이 배가됩니다.

때때로 상가주택을 매입하고자 자문을 구하는 분들께 제가 묻는 첫 질문은 바로 이것입니다.

"그 상가주택 꼭대기 층에 거주하실 건가요?"

만약 거주할 거라고 대답하면 저는 상가주택에 투자하지 말라고 권합니다. 왜냐하면 매일 보는 사람이 임대료를 연체했을 때 독촉하기가 쉽지 않으며 임대료를 인상하기도 어렵기 때문인데, 이에 대한 마음의 준비가 전혀 되지 않은 사람이라고 생각하기 때문입니다.

한번은 임차인이 제 동의 없이 지인에게 전대(임차인이 임차물을 제3자에게 임대하는 것, 일명 전전세)한 적이 있습니다. 심지어 그 전차인(남의 것을 빌려온 사람에게서 다시 빌리는 사람)은 굉장히 거친(?) 분이었습니다. 그래서인지 의사소통하기가 어려웠으며 집을 보여줄 때도 많은 어려움이 있었습니다. 결국에는 잘 해결했지만 그 과정 속에서 굉장히 많은 스트레스를 받았습니다. 그래서 임대사업을 감정 노동이라고도 합니다.

임차인이 임대료를 연체하면 어떻게 해야 할까요. 당연히 독촉해야 합니다. 월세가 3개월 정도 밀리면 법적 절차를 진행해야 할 수도 있습니다. 임차인 중에는 임대인 길들이기(?)를 위해 상습적으로 임대료를 연체하는 사람도 종종 있습니다. 이렇게 사후에 발생할 분쟁을 방지하기 위해 임대차 계약서에 임대료 연체 시 연체이율(임대료를 연체할 때 적용할 이자 이율)에 관한 조항을 비롯한 강력한 위약 조항을 넣어야 합니다.

하지만 아무리 강력한 계약서를 작성해도 임대료가 밀리는 경우가 있습니다. 정말 여력이 안 되면 임대료를 내고 싶어도 낼 수 없기 때문입니다. 그래서 임차인을 구할 때 영업 능력, 성품 등을 다방면으로 살피고 좋은 임차인과 계약하기 위해 고군분투해야 합니다.

상가건물임대차보호법도 임차인을 보호하는 방향으로 점점 바뀌고 있습니다. 임차인의 계약갱신요구권이 5년에서 10년으로 늘어났으며, 임차인의 권리금 회수 보호를 위해 회수할 수 있는 기간도 3개월에서 6개월로 늘어났습니다. 이외에도 상가건물임대차보호법의 적용 범위를 넓혀, 건물을 재건축해도 임차인에게 임차 우선권을 주려 하고 있습니다. 최종 판단은 국회와 법원에서 하겠지만 사회 분위기는 계속 임차인을 위한 방향으로 움직이고 있다는 점도 알아야 합니다.

이 모든 노력의 산물로 얻을 수 있는 것이 바로 임대료인데, 이를 과연 불로소득이라고 쉽게 말할 수 있을까요?

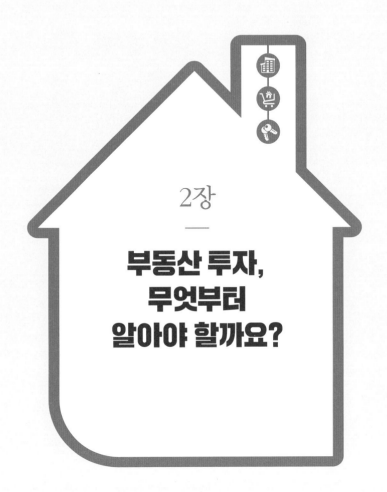

2장
—

부동산 투자, 무엇부터 알아야 할까요?

남편이
집 사는 걸 반대해요

최근 몇 년간 집값이 급등하여 곳곳에서 부부싸움이 일어난다고 합니다.

"그때 내가 사자고 했을 때 샀어야 했는데 당신이 못 사게 했잖아! 이젠 사고 싶어도 못 사는데 어쩔 거야!" 또는 "내가 그때 집 팔지 말자고 했잖아!"라면서 말입니다. 하지만 이 의사 결정에 따른 책임은 어느 한쪽에 있는 것이 아니라 부부 모두에게 있습니다.

저는 부동산 펀드매니저였습니다. 부동산 펀드매니저는 투자자들에게 자금을 유치하기 위해 수십 장의 파워포인트 보고서와 엑셀 재무 모델을 만듭니다. 이를 통해 투자 대상을 다각도로 분석합니다. 보고서와 모델이 어느 정도 완성되면 프레젠테이션이 시작됩니다. 이후 자금 집행일까지 수차례의 심의와 질의응답이 이어집니다.

저는 개인 투자도 이에 못지않게 분석해야 한다고 생각합니다. 아니, 기관 투자자들보다 훨씬 더 꼼꼼하게 분석해야 한다고 생각합니다. 기관 투자자에게 한 건의 투자는 그들의 운용 자산의 극히 일부에 불과합니다. 하지만 개인은 다릅니다. 보통 개인이 부동산 투자를 할 때는 전 재산의 60% 이상을 한 자산에 집중합니다. 그렇기 때문에 오히려 기관 투자자보다 더 많은 분석을 해야 합니다.

정말 부동산에 투자하고 싶다면 아무리 가족이라도 상대방을 설득하기 위해 필요비용, 기간 등 모든 숫자를 문서화하고 계량화해서 논리적으로 설득해야 합니다. 그러한 노력을 하지 않았다면 상대방을 원망하지 말아야 합니다.

더 이상 후회하거나 상대방을 탓하는 것을 멈추고 지금이라도 투자할 만한 부동산을 찾기 바랍니다. 부동산에 '고점'은 없습니다. 후회할 필요도 없습니다. 늦다고 생각한 시간이 가장 빠를 수 있고, 비싸다고 생각했던 가격이 그나마 싼 것이었을 수 있습니다. 부지런히 노력하는 사람에게 분명히 기회는 있을 것입니다.

Q 집은 언제 사야 하나요?

A 저는 자기 자신이 준비됐을 때, 다시 말해 재무 상태가 준비됐을 때 집을 구매해야 한다고 생각합니다. 앞으로 부동산 대책이 어떻게 변화할지, 금리, 환율, 물가 등이 어떻게 변화할지, 미중 무역전쟁이 어떻게 전개될지, 다음 총선과 대선 결과가 어떻게 될지, 이에 따라 어떤 정책이 나올지 세계 어느 국가에서 어떤 문제가 터질지 아무도 알 수 없기 때문입니다.

반면 자신의 재무 상태는 언제든 들여다볼 수 있고, 계획할 수도 있습니다. 자신이 얼마의 비용을 감당할 수 있을지 판단하고 구매 시기를 결정해야 합니다.

예를 들어보겠습니다. A는 현재 전세보증금 4억 원의 전셋집에 거주하고 있으며, 예금과 기타 자산은 2억 원으로 순자산은 6억 원입니다. 만약 이 사람이 전세 만기일에 8억 원짜리 주택을 산다고 가정해보겠습니다.

8억 원을 준비하기 위해 전세보증금 4억 원+예금 1억 원+기타 자산 5,000만 원(기타 자산 1억 원 중 5,000만 원만 사용)+담보대출 2억 5,000만 원으로 자금을 조달해보겠습니다(편의상 취득세 등 취득부대비용은 없다고 가정하겠습니다).

이렇게 주택을 구입하면 총자산 대비 자기자본(자기자본 비율)은 71%(6억 원/8억 5,000만 원)가 됩니다. 즉, 대출의 비중이 총 30%가 되지 않는다는 의미입니다. 적절한 소득만 지속된

취득 전				취득 후			
전세보증금	4억 원	담보대출	0	부동산	8억 원	담보대출	2.5억 원
예금	1억 원			예금	0		
기타	1억 원	자기자본	6억 원	기타	0.5억 원	자기자본	6억 원
계	**6억 원**	계	**6억 원**	계	**8.5억 원**	계	**8.5억 원**

▶부동산 취득 전후의 재무상태표

다면 큰 부담 없는 대출금액으로 판단됩니다. 이런 식으로 외부 요인이 아닌 자신의 재무 상태를 계산하여 주택 구입 시기를 찾는 것이 현명한 방법입니다.

집은 어디에 사야 하나요?

이 질문에 대한 답으로 저의 부동산 투자 기준을 이야기해볼까 합니다.

저는 서울, 그중에서도 강남 3구, 광진구, 성동구, 동작구, 강동구 등 평단가가 높은 지역 위주로 투자합니다. 왜냐하면 한정된 공급에 비해 잠재 수요가 어마어마하기 때문입니다.

국민건강보험공단에 따르면 연봉 1억 원 이상의 고소득 직장인 수는 약 77만 명, 이 중 월 급여가 2,000만 원이 넘는 직장인 수는 약 6만 7,000명이라고 합니다. 고소득 사업자까지

합치면 그 숫자는 더 많을 것으로 예상됩니다.

　고액 자산가들은 주로 강남구나 서초구 소재의 부동산을 취득합니다. 두 번째, 세 번째 부동산을 취득한다면 이 또한 같은 지역의 부동산을 취득할 가능성이 높습니다. 자산가들은 부동산 투자를 할 때 상대적으로 가격이 낮은 주택이나 아파트가 아닌 빌딩 등에 투자합니다. 수익률도 중요하지만 절대적인 수익 자체가 더 중요하기 때문입니다. 또 어떤 투자든 발품을 팔아야 하는 것은 비슷하지만, 가격 자체가 낮은 부동산으로 얻을 수 있는 절대 수익은 상대적으로 낮습니다. 그렇기 때문에 그들은 주택이 아닌 다른 고액 부동산에 투자하고, 주택을 산다면 그들이 잘 아는 지역이면서 고가주택이 가장 많이 몰려 있는 강남 등에 투자하는 것입니다.

　그뿐 아니라 우리는 우스갯소리로 이런 이야기를 합니다.

　"로또 당첨되면 강남에 아파트 한 채 사야지!"

　"비트코인으로 대박 나면 강남에 아파트 사야지!"

　이처럼 돈이 있는 사람이든 없는 사람이든 가능하면 강남에 투자하고 싶어 합니다. 이런 다양한 이유로 저는 수요가 많고, 수익률보다 절대적인 수익 금액이 가장 클 것으로 예상되는 위 지역에 투자를 집중합니다.

그리고 저는 **최소 3개월에 한 번은 방문할 수 있는 지역에만 투자합니다.** 집이나 회사에서 가깝거나 집과 회사 사이에 있는 지역을 선호합니다. 왜냐하면 투자는 매입보다 보유 및 관리가 더 어렵기 때문입니다. 해외에서 거주하고 있는 부동산 소유자의 매물이 다른 매물보다 싼 이유도 이 때문입니다. 현장에 자주 나와 보지 않으면 시세에 어두울 수밖에 없습니다. 지방이나 해외 투자는 하지 않는 것과 같은 이치입니다.

마지막으로 위 지역은 제게는 비교적 익숙한 지역입니다. 아무래도 **익숙한 지역에 투자하는 것이 쉽고, 실패할 가능성이 낮기 때문에 투자도 이런 지역 위주로 하는 것입니다.**

서울의 면적은 605.21km²입니다. 이 중 강남 3구의 면적만 120.43km²로, 파리시의 면적보다 큽니다. 서울 절반의 면적만 따져도 300km²입니다. 한 명의 투자자가 300km²나 되는 면적을 샅샅이 알기란 사실상 불가능합니다. 매일 가는 지역의 부동산이라도 막상 투자 분석을 시작하면 알아볼 것이 끝도 없습니다.

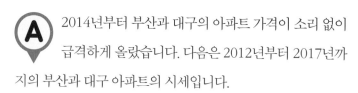

서울 VS 수도권 VS 지방, 어디에 사는 게 좋을까요?

A 2014년부터 부산과 대구의 아파트 가격이 소리 없이 급격하게 올랐습니다. 다음은 2012년부터 2017년까지의 부산과 대구 아파트의 시세입니다.

2014년경에 3.5억 원에 불과하던 부산의 한 아파트 가격이 3년 만에 2배가 됩니다. 대구도 비슷합니다. 2014년에 4억 원 정도 하던 아파트가 3년 만에 7억 원이 됩니다. 이 당시 부산과 대구 부동산에 투자한 사람들은 엄청난 수익을 냈을 것입니다. 이렇듯 흐름을 잘 타면 지방 투자로도 엄청난 수익을 거

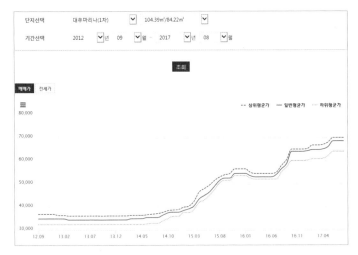

▶ 부산의 한 아파트 시세(출처: KB 부동산)

▶ 대구의 한 아파트 시세(출처: KB 부동산)

둘 수 있습니다.

하지만 저에게 서울과 수도권, 지방 중 한 곳을 택해 투자하라면 서울에 투자할 것입니다.

KB금융지주 경영연구소에서 발표한 2018년 '한국 부자 보고서'에 따르면, 우리나라 부자의 44%가 서울에 거주하고 있다고 합니다. 전체 인구의 20% 미만이 서울에 거주한다는 사실로 볼 때, 부자들이 서울에 밀집해 산다는 것을 알 수 있습니다.

다음 그래프에서 초록색 선은 사람들의 순자산을 꼴등부터 1등까지 나열한 그래프입니다(좌 → 우 순서). 빨간색 선은 시중의 집값을 나열한 그래프입니다.

A를 서민, B를 부자라고 할 때 서민 A는 담보대출을 조금 받아서 그래프상 바로 위에 위치한 부동산을 살 수도 있고, 대출 없이 저렴한 부동산을 살 수도 있을 것입니다. 반면 부자 B는 대출 없이 여러 채를 살 여력이 있습니다. 아무리 비싼 집한 채를 사도 자산이 많이 남기 때문입니다. 한 예로 이건희 회장의 한남동 저택은 우리나라에서 공시가격이 가장 비싼 집으로, 261억 원에 불과(?)하다고 합니다. 시세는 물론 공시가격보다 훨씬 비싸겠지만 우리나라에서 이 저택을 살 수 있

는 사람은 생각보다 많습니다.

　다시 그래프를 살펴보면, 부자 B가 집에 관심이 많다면 아마 반포동, 압구정동, 청담동, 대치동 등에 소재한 초고가주택, 그것도 자신의 집에서 가까운 주택을 매입할 가능성이 높습니다. 왜냐하면 부동산 투자는 자신이 잘 안다고 생각하는 동네에서부터 시작되기 때문입니다. 그만큼 고가주택의 잠재 수요력은 강력합니다.

　그리고 서울은 한정된 토지와 토지 이용 규제 등으로 추가

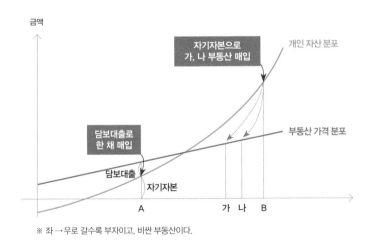

※ 좌 → 우로 갈수록 부자이고, 비싼 부동산이다.

▶자산 분포와 부동산 가격 분포

적인 주택의 공급이 어렵습니다.

　또 다주택자는 변경된 규제 때문에 종합부동산세와 양도소득세를 1주택자에 비해 많이 납부해야 합니다. 따라서 같은 투자금이라면 수도권의 여러 채를 매수하는 것보다 서울의 고가 부동산을 취득하는 것이 세법적으로도 유리합니다. 최근 '똘똘한 한 채'가 주목받는 것도 이 때문입니다.

　마지막으로 서울의 부동산, 특히 주택은 우리나라 국민뿐만 아니라 전 세계 사람들의 관심이 높아지고 있는 추세입니다. 한 예로 2016년에 한 중국인이 반포자이 91평의 시세가 27~28억 원 하던 당시, 각각 32억 원을 주고 두 채를 구입한 일이 있습니다. 또 2017년에 한 러시아인이 삼성동 아이파크 펜트하우스를 105억 원에 매입한 일도 있습니다. 개인적으로도 등기부등본을 수없이 발급받아 보는데, 외국인이 주택을 소유한 경우를 종종 보게 됩니다.

　다음의 그래프에서 각 지역별로 외국인이 보유한 부동산이 매해 늘어나는 것을 확인할 수 있습니다.

　특히 서울에는 일자리가 많고 살고 싶어 하는 사람은 많은 반면 살 집이 부족합니다. 그리고 재건축초과이익환수제, 분양가상한제, 분양원가 공개, 후분양제, 대출 규제, 분양권 및

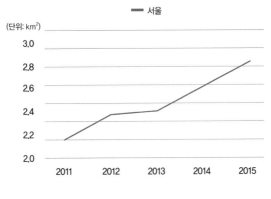

▶외국인 토지 보유 현황(출처: 통계청)

입주권 양도 제한 등의 각종 규제로 인해 조합원과 시행사의 주택 공급 의지가 꺾여 앞으로도 주택 공급을 기대하기는 어려운 실정입니다. 그래서 당분간은 희소가치가 높은 서울 부동산의 가치는 더 높아질 것으로 예상합니다.

Q 얼마나 대출받는 게 적절한가요?

A 같은 액수의 부채라도 나이가 많은 분께는 부담이 되지만, 젊은 직장인에게는 크게 부담이 되지 않을 수 있습니다. 또 나이와 연봉이 같아도 직장, 근속연수 등 고용 안정도에 따라 대출 부담에 대한 차이는 있을 것입니다.

중요한 것은 대출 기간과 그 기간 동안의 예상 소득과 지출을 점검하고 이에 맞춰 원리금 상환액을 계산하여 적정선을 찾는 것입니다. 또 금리 변동에 따라 본인이 감당할 수 있는 이자에 대한 스트레스 테스트를 해보는 것도 중요합니다.

다음은 대출금 각 1억 원, 3억 원, 5억 원을 받는다고 가정하고 매달 갚아야 할 원리금을 정리한 것입니다. 대출 기간은 30년, 원금균등상환방식(총 대출받은 금액에서 원금을 균등하게 나눠서 매월 갚는 것. 계산이 간단하나 초기 부담 금액이 큼)으로 갚는다는 가정을 한 후 살펴보겠습니다. (참고로 원금과 이자의 합계 금액을 균등하게 나눠 매달 갚는 방식을 '원리금균등상환방식'이라고 하는데, 매달 갚는 금액이 일정해서 지출 계획을 세우기 좋고 초기 부담 금액이 적어 흔히 쓰입니다.)

1억 원을 3.5%의 금리로 대출받는다면 첫 달에 납부해야 할 이자는 291,667원입니다. 원금균등상환방식으로 원리금

대출원금	금리(%)	이자(원)	원금(원)	원리금(원)
	3.50	291,667	277,778	569,444
	3.75	312,500	277,778	590,278
	4.00	333,333	277,778	611,111
	4.25	354,167	277,778	631,944
1억 원	4.50	375,000	277,778	652,778
	4.75	395,833	277,778	673,611
	5.00	416,667	277,778	694,444
	5.25	437,500	277,778	715,278
	5.50	458,333	277,778	736,111

대출원금	금리(%)	이자(원)	원금(원)	원리금(원)
	3.50	875,000	883,333	1,709,333
	3.75	937,500	883,333	1,770,833
	4.00	1,000,000	883,333	1,833,333
	4.25	1,062,500	883,333	1,895,833
3억 원	4.50	1,125,000	883,333	1,958,333
	4.75	1,187,500	883,333	2,020,833
	5.00	1,250,000	883,333	2,083,333
	5.25	1,312,500	883,333	2,145,833
	5.50	1,375,000	883,333	2,208,333

대출원금	금리(%)	이자(원)	원금(원)	원리금(원)
	3.50	1,458,333	1,388,889	2,847,222
	3.75	1,562,500	1,388,889	2,951,389
	4.00	1,666,667	1,388,889	3,055,566
	4.25	1,770,833	1,388,889	3,159,722
5억 원	4.50	1,875,000	1,388,889	3,263,889
	4.75	1,979,167	1,388,889	3,368,056
	5.00	2,083,333	1,388,889	3,472,222
	5.25	2,187,500	1,388,889	3,576,389
	5.50	2,291,667	1,388,889	3,680,556

▶금리 변화에 따른 원리금의 변화(원금균등상환방식)

을 갚는다면 첫 달에 납부해야 할 원금은 277,778원입니다. 즉, 대출을 상환하는 첫 달의 원리금 합계는 569,444원입니다. 원금균등상환이기 때문에 매월 납부해야 할 이자는 줄어들 것이므로 원리금 부담액 역시 시간이 지날수록 줄어들 것입니다.

최근 가계부채 증가 속도를 완화시키기 위해 정부에서 원리금 상환을 유도하고 있습니다. 즉, 이자만 납부하지 말고 원금과 이자를 동시에 납부하라는 것입니다. 따라서 대출금액이 적어도 현금흐름에 어려움이 발생할 수 있습니다. 그러므로 대출받기 전에 예상 현금흐름 시나리오를 잘 분석해봐야 적절한 대출금액을 판단할 수 있습니다.

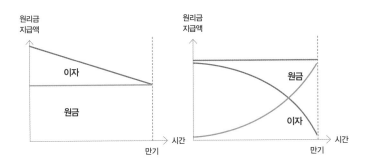

▶ 원금균등상환 방식과 원리금균등상환 방식

집을 살 때부터
파는 걸 고려해야 한다고요?

집을 살 때는 반드시 파는 것까지 고려해야 합니다. 부동산 투자의 3단계는 매도, 보유, 매수입니다. 3단계 중 어떤 과정이 가장 어렵냐고 묻는다면 매수하는 게 가장 쉽고, 매도하는 게 가장 어렵다고 답하겠습니다. 싸게 매수하는 것은 어렵지만 시세대로 매수하는 것은 다른 과정에 비하면 어렵지 않습니다. 매수할 자금만 있으면 되기 때문입니다. 하지만 대부분의 사람들은 싸게 사는 것에 더 많은 관심을 가지고 있는 듯합니다.

그러면 파는 것을 고려할 때 어떤 부분을 생각해야 할까요.

먼저 언제 팔지 염두에 둬야 합니다. 예를 들어 지하철 9호선 3단계 구간이 개통하면 판다, 현대자동차 한전 부지가 착공하면 판다, 자녀가 초등학교 들어갈 때 판다 혹은 현재의 저축률이 얼마에 도달하거나 은퇴 시점이 오면 판다 등 개인적인 상황에 따라 다방면으로 생각해봐야 합니다.

그다음 누구에게 팔지 미리 생각해야 합니다. 예를 들어 신혼부부가 살기 좋은 동네라면 30평형대보다 20평형대가, 중학교가 유명한 동네라면 20평형대보다 30평형대가 인기 있을 것입니다. 그리고 주변 각 평형대의 대략적인 수를 전수 조사해보면 어떤 평형의 가격이 향후 오를 가능성이 높고, 쉽게 팔 수 있을지 보일 것입니다.

저는 한번 매입한 주택은 잘 팔지 않는 편입니다. 만약 팔게 된다면 아마도 평균 전세가율이 전저점(최근 과거에 가장 낮은 가격)까지 떨어지거나 현재 보유한 주택보다 더 투자할 만한 대상을 발견할 때일 것입니다.

하지만 투자에 영원한 원칙은 없습니다. 내일 세상이 어떻게 바뀔지 모르기 때문에 매도 전략은 시장 상황에 맞게 끊임없이 변화해야 합니다.

제 친구 B는 2014~2015년 사이에 반포동을 비롯한 서울 주요 지역의 아파트를 집중적으로 매수했습니다. 처음에는 반포동 아파트를 매수하고 2년 내에 2억 원 정도 오르면 매도하려고 했습니다. 그런데 8.2 부동산 대책 발표 전후로 반포동 아파트 가격이 너무 많이 오르고, 다주택자 양도소득세 중과 규정이 나오자 양도소득세를 줄이기 위해 반포동 아파트를, 보유한 아파트 중 가장 마지막에 팔기로 계획을 변경했습니다. 왜냐하면 가장 마지막에 팔아야 1주택자가 되어 세금 부담이 줄기 때문입니다.

물론 미래를 예측할 수는 없지만 최초에 매도 계획을 세우고 이후 시장 변화에 따라 끊임없이 계획을 수정해나가야 합니다.

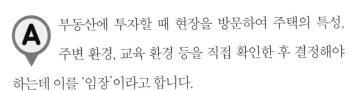

임장할 때
꼭 확인해야 할 게 있나요?

부동산에 투자할 때 현장을 방문하여 주택의 특성, 주변 환경, 교육 환경 등을 직접 확인한 후 결정해야 하는데 이를 '임장'이라고 합니다.

매매 가격, 전세 가격, 월세 가격을 기준으로 한 실거래가, 호가, KB 부동산 시세, 공동주택 공시가격은 이미 임장을 하기 전에 확인해둬야 하는 것이니, 여기서는 임장 시 현장에서 꼭 확인해야 하는 것들만 정리해보겠습니다.

만약 지하철이나 버스를 타고 관심 있는 지역에 임장을 간다면 역이나 정류장에서 집까지의 거리가 얼마나 되는지, 오르막길이나 내리막길이 있다면 경사는 어떤지 확인해야 합니다. 또 집까지 가는 길에 편의시설은 어떤 것이 있는지, 혐오시설은 없는지 확인하며 도착해야 할 것입니다.

도착해서는 보안이 얼마나 잘돼 있는지, 집 외부와 주변 관리 상태는 어떤지 점검합니다. 엘리베이터를 타고 올라갈 때는 사용 세대수 대비 엘리베이터 수가 얼마나 되는지 확인하고, 대기 시간도 확인합니다.

집 안에 들어오면서부터가 본격적인 임장입니다. 먼저 현

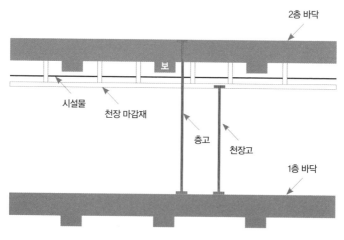

▶층고와 천장고의 차이

관이 얼마나 넓은지, 천장고(바닥마감 면에서 천장 면까지의 높이. 즉, 실제 이용하는 공간의 높이)가 얼마나 높은지, 빛은 잘 들어오는지 확인합니다. 빛을 확인하려면 밤보다 낮에 가는 것이 좋습니다.

뷰도 확인합니다. 가급적이면 거주자의 허락을 받아 뷰를 사진으로 남겨두면 의사 결정에 큰 도움이 됩니다. 그리고 부엌의 넓이, 냉장고 및 세탁기 놓는 위치, 화장실 상태도 점검합니다. 인테리어의 노후 정도를 판단할 때는, 부엌과 화장실은 각각 별도로 살펴보고 바닥, 벽, 천장 정도로 구분하여 주의 깊게 살펴봅니다.

수납공간의 크기도 확인합니다. 곰팡이 냄새가 나는지, 누수는 없는지, 수압이 강한지도 점검합니다. 여기서 주의할 점은 붙박이장의 문을 열거나, 전등을 켜고 끄거나, 수도를 열거나 할 때 반드시 거주자의 허락을 받아야 한다는 겁니다. 마지막으로 그 집이 주는 느낌도 확인합니다.

한 번 대중교통을 이용해 집에 가봤다면 다음번에는 자가용을 이용해서 가봅니다. 가면서 이정표는 얼마나 잘돼 있는지, 길은 얼마나 넓은지, 최종적으로 주차장 사용은 얼마나 편리한지 확인합니다. 주차장에서 엘리베이터를 타고 바로 해당 호수로 올라갈 수 있는지, 주차 공간은 충분한지, 주차면의 폭은 넓은지 등을 확인합니다. 가급적이면 평일 저녁이나 주말 오전에 가는 것이 주차장의 혼잡도를 가장 정확하게 볼 수 있어 좋습니다.

그다음에는 평일 낮에 다시 와봅니다. 그러고는 해당 동에서 초등학교까지 걸어가 봅니다. 얼마나 가까운지 확인하고, 횡단보도의 유무와 차선의 숫자, 동선 내에 위험한 것은 없는지 반드시 확인합니다. 초·중·고등학교 중 초등학교의 안전이 가장 민감하기 때문에 초등학교만이라도 꼭 걸어가 보길 바랍니다. 다음으로 동네 주민에게 층간 소음의 정도를 인터뷰를 통해 확인합니다.

이런 식으로 매매를 고려하는 집이라면 최소 일곱 번 이상 가봐야 합니다.

Q 어떤 공인중개사무소에 가야 하나요?

A 공인중개사를 선택하는 것은 정말 중요한 일입니다. 일반적으로 특정 지역에서 처음 부동산을 매입할 때 인연을 맺은 부동산을 통해 향후 부동산 임대, 매도, 추가 매수 중개를 맡기기 때문입니다.

여기서 잠깐! 공인중개사의 역할에 대해 명확히 알아야 합니다. 공인중개사는 매도인과 매수인 그리고 임대인과 임차인을 연결해서 계약 성사를 도와주는 역할을 합니다. 시장에 대한 분석이나 전망을 하는 것은 공인중개사의 역할이 아닙니다. 공인중개사의 분석과 전망을 참고할 수는 있지만 기본적으로 시장에 대한 분석이나 전망은 가급적 스스로 하는 것이 좋습니다. 컨설팅 회사가 이런 역할을 하지만 비용이 많이 들기 때문입니다. 따라서 공인중개사를 선택하기에 앞서 공인중개사의 역할에 대해 정확히 인지해야 합니다.

저는 말투와 태도에서 진솔함이 느껴지는 공인중개사를 선호합니다. 저는 공인중개사와 인연을 맺으면 가급적 오래 같이 일합니다. 저에게 진솔하게 행동한 분이 앞으로 제 물건의 임차인이나 매수자에게도 진솔하게 행동할 가능성이 높습니다.

간혹 제 나이에 비해 비싼 부동산을 검토할 때가 있는데 이때 간혹 저를 의심하거나 무시하는 공인중개사도 만난 적이 있습니다. 한번은 어떤 공인중개사가 다리를 꼬고 제 얼굴도 안 쳐다보면서 이야기한 적도 있습니다. 물론 깊이 있게 이야기하다 보면 이런 행동을 보이지 않겠지만, 일단 처음부터 이런 식으로 손님을 대하는 분과는 거래하지 않습니다.

그리고 개인적인 취향이지만, 전화나 팩스보다 문자나 이메일을 통해 의사소통하는 분을 선호합니다. 맞춤법을 정확히 사용하는 분도 좋아합니다. 업무로 바쁠 때 개인 투자 업무까지 겹치면 정신이 없고 힘들 때가 있습니다. 그때 중요한 사안도 아닌데 수시로 전화를 받기 위해 회의실 등으로 이동하는 것은 직장인으로서 여간 눈치 보이는 일이 아닐 수 없습니다. 따라서 중요한 사안이 아닐 때는 문자 등을 통해 의사소통하는 것을 선호합니다.

맞춤법을 따지는 이유는 계약서 작성 때문입니다. 조금 충격적으로 들릴 수 있겠지만 법률적인 분쟁은 차치하고, 아주 기본적인 내용조차 제대로 타이핑하지 못하는 공인중개사를 본 적이 있습니다. 그래서 저는 계약서 특약 부분을 기재할 때 아예 제가 직접 작성합니다. 사안이 복잡할 때는 변호사에게 작성을 요청합니다.

한두 개의 문자가 생각보다 그 사람에 대한 많은 것을 이야기합니다. 그렇기 때문에 저는 손님을 배려하고, 기본적인 자질과 태도를 갖춘 공인중개사를 선호합니다.

한걸음 더 나아가보자면, 여러 개의 물건을 이야기할 때는 서술보다 표를 사용하는 분이 좋습니다. 매물이 여러 개일 때는 매수자가 헷갈릴 수 있습니다. 이럴 때 대부분의 공인중개사는 문자로 매물을 열거해서 보여줍니다. 하지만 문자로 열거할 경우, 주요 내용이 누락되는 등 매물별로 비교해서 보기

평형	동	호	가격	거주자	전세금	임대차 만기	비고
62A	2×	50×	25억 원	임차인	11억 원	명도 가능	
62A	1×	30×	25.2억 원	주인	–	–	
62B	2×	60×	26억 원	임차인	12억 원	2019년 12월	
64	2×	90×	27억 원	주인	–	–	

▶ 매물별 특징 비교 정리의 예

어렵습니다. 그래서 매물이 여러 개라면 위와 같이 표로 정리하여 보여주는 것이 좋습니다. 그러면 서로 기억을 되살리는 데 쓰는 쓸데없는 시간을 줄일 수 있습니다. 하지만 아직까지 이렇게 정리해주는 분은 거의 만나보지 못했습니다.

공인중개사와는 최소 한 번은 직접 만나야 업무가 수월해집니다. 공인중개사들은 전화로만 문의하는 것을 경계합니다. 그들에게는 정보가 생명이기 때문입니다. 만나서 대화해보지 않으면 문의하는 사람이 경쟁 공인중개사인지 잠재 고객인지 알 수 없습니다. 그렇게 때문에 만나기 전에는 매물의 동·호수를 잘 안 알려줍니다. 따라서 저는 공인중개사를 직접 만나면서 신뢰를 쌓고, 나름의 판단을 합니다.

Q 집을 싸게 사기 위한 협상 방법이 있나요?

A 어떤 물건을 싸게 사려면 협상을 잘해야 합니다. 집도 마찬가지입니다. 협상의 기술에는 여러 가지 방법이 있겠지만 그중 집을 매입하면서 꼭 알아야 하는 세 가지 협상 기술에 대해서 이야기해보겠습니다.

첫 번째, 가급적이면 주요 조건들에 대해 서면으로 한꺼번에 주고받아야 합니다. 주요 내용들은 다음과 같습니다(괄호 안에 표시한 내용은 상황에 따라 옵션으로 넣을 수 있는 내용입니다).

- 매매대금
- 계약금, (중도금), 잔금 지급 금액과 지급일, 이사 날짜
- 임차인 명도에 대한 책임
- (매도인의 대출 상환 시점: 중도금 지급일 또는 잔금 지급일)
- 기타 특수한 경우에 대한 협의 내용

이 내용을 한꺼번에 이야기하지 않으면 마치 상대방이 계속해서 추가 요구를 하는 것처럼 느낄 수 있습니다. 매매대금만 정했다고 협상이 끝나는 것이 아닙니다. 매매대금을 정하면 구체적인 세부 조건에 대한 협상이 시작되는 것입니다. 여기서 공인중개사의 실력 차이가 드러납니다.

만약 거래 경험이 많지 않아 위 조건들이 머릿속에 다 그려지지 않는다면, 거래 경험이 많은 지인들의 매매 계약서와 비교하며 읽어보는 게 많은 도움이 됩니다. 물론 개인 정보나 매매대금 등 중요 정보에 대해서는 가리고 보여주는 센스가 필요할 것입니다.

두 번째, 추가적으로 원하는 조건들이 있을 때는 머릿속에 정리해뒀다가 상대방이 추가 요청을 할 때 쏟아내는 것도 방법입니다. 매수자 입장에서는 매도인에게 크고 작게 부탁해

야 할 일이 많습니다. 인테리어 공사를 위해 매매대금이 모두 지급되기 전에 열쇠를 달라고 요청해야 할 수도 있고, 추가적으로 집을 구경할 수 있게 해달라고 요청할 수도 있습니다. 이러한 요청 사항은 머릿속에 정리만 해뒀다가 상대방이 추가 요청할 때, 그 요구 사항을 들어줘도 된다고 판단되면 본인이 요청하고 싶은 사항 여러 개와 맞바꾸면 됩니다.

제가 직장생활을 할 때는, 요구 조건을 미리 포스트잇에 적어 호주머니에 넣어뒀다가 공인중개사로부터 상대방의 요청 사항이 오면 포스트잇을 펼쳐서 그때그때 대응하곤 했습니다. 통화를 하며 이야기해야 하기 때문에 핸드폰에 저장하는 것보다는 포스트잇에 적는 것이 편리했기 때문입니다.

마지막으로 협상을 할 때 상대방의 감정을 상하게 하지 않게 하는 것이 중요합니다. 저는 세 가지 협상의 기술 중 이 점이 가장 중요하다고 생각합니다. 협상은 싸움이 아닙니다. 상대방을 짓밟고 이기는 전쟁이 아닙니다. 상대방의 기분을 계속 독려하며 자존심보다 실리를 추구하는 것이 백번 낫습니다. (경험상 상대방보다 나이가 어릴 때, 연장자인 상대방에게 어르신께서 좀 봐달라고 부탁하면 들어주는 경우가 많아 수월했던 것 같았습니다.)

뻔한 이야기지만 상대방의 감정을 상하게 하지 않기 위해서는 무엇보다 '예의'를 지키는 것이 중요합니다. 그리고 상대방이 무리한 요구를 하면 "저는 괜찮은데 아내가 안 된다네요"와 같이 대리인인 척 대응하는 것도 좋은 방법입니다.

경매를 통해서도 집을 싸게 살 수 있습니다. 경매에 대해서는 204페이지에서도 언급이 돼 있으며, 더 자세한 내용은 시중에 나온 많은 도서를 참고하기 바랍니다.

3장
—

아파트는 너무 비싼데…
오피스텔·빌라 투자는
어떨까요?

1인 가구가 늘어나는데 오피스텔 투자는 어떨까요?

Q

A 투자비용도 적게 들고 월세를 받을 수 있다는 장점 때문인지 오피스텔에 관심 있는 분들이 많은 것 같습니다. 그래서 "이 오피스텔 어때요?"라는 질문을 자주 받곤 합니다. 그런 질문을 받으면 저는 이렇게 다시 질문합니다.

"이 오피스텔의 월세를 얼마나 받을 수 있을까요? 그리고 오피스텔 매도 시점까지 월세를 얼마까지 올릴 수 있을까요?"

수익형부동산(주기적으로 임대수익을 얻을 수 있는 부동산)의

핵심은 임대료 인상입니다. 임대료를 올리지 못하면 매도 시점에 매각 차손이 발생하기 쉽습니다. 따라서 향후 임대료가 어떤 방향으로 갈지 다각도로 분석해야 합니다.

이를 위해서는 본인이 현재 받을 수 있는 임대료를 정확하게 파악하는 것이 중요합니다. 임대료 80만 원과 90만 원의 차이는 생각보다 큽니다. 월 임대료 10만 원 차이는 연 임대료 120만 원 차이입니다. 5% 수익률을 적용하면 2,400만 원 (120만 원/5%)의 매매 가격 차이가 생기는 셈입니다. 소액 투자 상품인 오피스텔을 투자함에 있어 2,400만 원은 굉장히 큰 차이입니다. 금리가 낮아질수록 이 차이는 더 벌어집니다.

KB 국민은행의 주택가격동향에 따르면, 2013년부터 2017년 말까지 서울 지역 오피스텔의 임대수익률은 5.62% 에서 4.87%로 계속 하락하고 있습니다.

또 대부분의 분양 사무소에서는 수요에 관한 호재만 이야기하는데, 직접 투자할 지역의 주변 공급에 대한 다각적인 분석도 필요합니다. 1인 가구의 증가는 필연적으로 오피스텔 수요로 이어질 것입니다. 하지만 투자를 고려한다면 늘어나는 수요와 오피스텔 공급 간의 싸움에서 누가 이길지 정밀하게 분석해야 합니다. 그런데 1인 가구의 증가에 따른 수요 파악은 통계청 자료를 통해 쉽게 확인할 수 있지만, 지역별 오피스텔의 공급을 파악하는 것은 쉽지 않습니다.

오피스텔 투자는 개별 지역마다 수급 상황과 여건이 매우 다르기 때문에 임대수익률과 공실 리스크 등에 대한 철저하고 신중한 접근이 요구됩니다.

그리고 오피스텔은 아파트와 비교하여 다음과 같은 단점

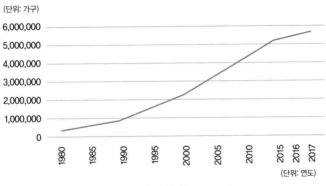

▶1인 가구 수의 증가(출처: 통계청)

연도	1980	1985	1990	1995	2000
1인 가구 수	382,743	660,941	1,021,481	1,642,406	2,224,433
연도	2005	2010	2015	2016	2017
1인 가구 수	3,170,675	4,142,165	5,203,440	5,397,615	5,618,677

▶1인 가구 수의 변화(출처: 통계청)

을 가지고 있습니다.

첫째, 주택이 아닌 오피스텔은 총 취득세율(취득세+농어촌특별세+교육세)이 매매가의 4.6%로 상당히 높습니다. 반면 주택의 취득세율은 매매가의 1.1~3.5%로 훨씬 저렴합니다. 5억 원짜리 오피스텔과 주택을 매입한다고 가정할 때 각 취득세는 4.6%와 1.1%로, 무려 1,750만 원이나 차이 납니다.

둘째, 대지지분이 작아 재건축 사업성이 낮으므로 재건축이 어렵습니다.

셋째, 부동산의 매매가는 토지 비용과 건물 비용으로 구성돼 있는데, 오피스텔은 매매가에서 건물이 차지하는 비중이 높기 때문에 건물의 노후화에 따른 감가상각률(설치 장비나 시설의 시간에 따른 가치 저하율)이 높습니다.

넷째, 비교적 작은 대지에도 한 동짜리 오피스텔을 지을 수 있기 때문에 경쟁 오피스텔이 늘어날 확률도 아파트보다 높습니다.

다섯째, 요즘 부쩍 늘고 있는 셰어하우스의 공급도 오피스텔에는 위협적인 요소입니다. 오피스텔의 수요자가 셰어하우스로 이동하기 때문입니다.

여섯째, 건폐율(건축면적/대지면적)이 커서 녹지 공간이 적습니다.

일곱째, 관리비가 아파트보다 일반적으로 비싼 편입니다.

마지막으로 임차인들의 평균 거주 기간이 짧기 때문에 공실 리스크가 큰 편입니다. 실제로 국토교통부의 주거실태조사에 따르면 오피스텔 임차인의 평균 거주 기간은 1.3년으로, 임차 가구 평균 거주 기간 3.9년에 비해 현저히 짧습니다.

정리하면, 오피스텔은 많은 단점을 가지고 있습니다. 1인 가구의 증가에 따라 오피스텔 선호도가 높아지고, 그에 따라 임대료가 올라서 오피스텔 가격이 오를 것이라고 단순하게 결론 내리는 것은 위험한 생각입니다. 1인 가구 수가 급격하

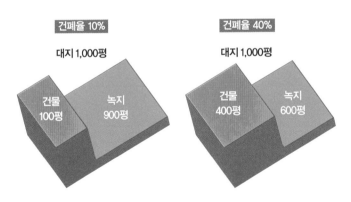

▶건폐율의 의미(건물을 하늘에서 본 이미지)

게 증가하더라도 본인이 소유한 오피스텔은 계속 노후화되고, 주변 오피스텔 공급은 계속 늘어나며, 엎친 데 덮친 격으로 시장 금리까지 오르면 오피스텔 가격이 급격하게 떨어질 수 있기 때문입니다.

Q 적절한 월세 수익률이 따로 있나요?

A 지인들이 적절한 월세가 얼마인지 물으면, 저는 가장 먼저 수익률이 얼마나 되는지 되묻습니다. 그리고 현재의 시장 금리를 감안할 때 서울 기준으로 수익률이 4.5% 이하면 아예 매물을 볼 가치도 없다고 이야기합니다.

새로 분양하는 매물인 경우, 아직 월세 시세가 형성돼 있지 않기 때문에 투자 수익률을 따질 때도 보수적으로 판단해야 합니다. 그래서 분양사무소에서 예상한 임대료 수익률이 5% 이하면 역시 검토할 필요가 없다고 이야기합니다(여기서 수익률은, 연 임대료/[매매가-보증금]에 해당하는 단순 수익률입니다).

예를 들어 월 임대료 80만 원, 매매가 2억 원, 보증금 1,000만 원일 때 수익률은 5.05%(80만 원×12개월/[2억 원-1,000만 원])입니다.

세상은 넓고 매물은 많습니다. 그런데 모든 매물을 보러 다닐 시간은 없습니다. 시간이라는 재화는 모든 사람에게 한정적입니다. 따라서 단순하게 계산한 수익률이 너무 낮으면 볼 필요가 없는 것입니다.

첫 관문인 단순 수익률이 적정하다고 판단되면 그다음 두 번째 관문인 임대료를 얼마나 올릴 수 있을지 판단합니다. (다른 모든 변수를 고정한다고 가정하면) 수익형부동산은 금리 상승에 따라 가격이 하락합니다(이에 대한 설명은 앞에서 자세히 다루었습니다). 이와 함께 주변에 경쟁 오피스텔이 공급되면 가격 하락 폭은 더 커질 것입니다. 공급이 많으면 임대료가 떨어질 수밖에 없기 때문입니다. 따라서 매각 차손을 막으려면 임대료를 올려야 합니다. 잘못하면 연 4~5%의 임대료를 얻다가 매각 시점에 큰 매각 차손을 맛볼 수 있습니다. 따라서 치밀하게 분석하여 임대료가 올라갈 것이라는 확신을 가져야 합니다. 임대료 인상에 자신이 없으면 매수는 포기하는 게 낫습니다.

오피스텔에 투자하기 전에
미리 알아야 할 내용이 있나요?

오피스텔에 투자하기 전에 몇 가지 파악해야 할 것들이 있습니다.

일단 오피스텔 공간을 사용하고자 하는 수요를 파악해야 합니다. 인근에 회사, 특히 IT, 스타트업 기업 등 20~30대 젊은 직장인들이 근무하는 회사가 많은 곳에 위치한 오피스텔을 선택해야 합니다. 꼭 인근이 아니더라도 상관없지만 가급적이면 2호선, 5호선, 9호선 역과 가까워야 합니다. 그래야 회사가 많은 지역인 광화문~종로 일대의 도심권(CBD, Central

111

Business District), 강남~삼성역 일대의 강남권(GBD, Gangnam Business District), 여의도 중심의 여의도권(YBD, Yeouido Business District)에 쉽게 접근할 수 있기 때문입니다.

그런 다음 오피스텔의 공급도 잘 따져봐야 합니다. 투자하려는 오피스텔 주변에 경쟁 오피스텔이 적고, 오피스텔을 공급할 수 있는 땅도 적어야 합니다. 아무리 인근에 수요가 많아도 오피스텔이 우후죽순 생기면 임대료는 떨어지기 마련입니다. 임대료가 떨어지면 당연히 매매 가격도 떨어집니다.

그다음 오피스텔의 일반 관리비와 전기·수도·가스요금도 반드시 체크해야 합니다.

오피스텔 내부에 들어가면 방음이 잘 되는지, 층간소음은 없는지, 채광은 좋은지, 환기는 잘 되는지, 수압은 강한지 살펴봐야 합니다.

또 입주자와 방문자의 주차 요금이 얼만지, 주차 공간은 넓고 여유로운지, 주차 램프의 폭은 넓은지, 경사도는 완만한지 등도 살펴봐야 합니다.

창고의 유무도 반드시 확인하기 바랍니다. 오피스텔은 내부 공간이 워낙 좁기 때문에 큰 짐을 넣기 어렵습니다. 잘못하면 큰 짐을 가족이나 친척집 또는 이삿짐센터를 통해 지방 창고에 보내야 할지도 모릅니다. 이러한 문제를 방지하기 위해 일부 오피스텔에서는 지하에 별도의 창고 공간을 제공합니다. 시행사 입장에서는 임대료를 높게 받을 수 없는 지하 공간을 활용할 수 있고, 사용자 입장에서는 편의성이 향상되니 지하 창고는 매우 유용합니다.

마지막으로 복층 오피스텔이라면 반드시 유념할 점이 있습니다. 바로 냉난방입니다. 복층의 아래층은, 겨울에는 춥고 여름에는 시원합니다. 위층은 반대입니다. 찬 공기가 더운 공기보다 무겁기 때문입니다. 그래서 계절마다 잠자리를 바꿔

▶복층이 있는 오피스텔의 모습

야 할 수 있습니다.

　또 천장고가 높기 때문에 공간의 부피가 단층 오피스텔보다 커서 냉난방 비용이 더 많이 듭니다. 즉, 복층 오피스텔의 관리비는 상대적으로 비싼 편입니다. 그럼에도 불구하고 복층 오피스텔은 공간의 활용도와 재미 측면에서 많은 이의 사랑을 받고 있습니다.

빌라 투자,
위험하지 않나요?

A 일반적으로 빌라라고 부르는 건물의 정식 명칭은 (건축법에 따르면) 다가구주택, 다세대주택 또는 연립주택입니다.

다가구주택이란 주택으로 쓰이는 층수(지하층 제외)가 3개 층 이하이고, 1개 동의 주택으로 쓰는 바닥면적(지하주차장 면적 제외)의 합계가 660m² 이하이며, 19세대 이하가 거주할 수 있는 주택으로, 한 사람이 소유합니다. 다세대주택과 연립주택은 4층 이하의 공동주택으로, 1개 동의 바닥면적의 합계가

▶빌라의 내부와 외부

660m²를 초과하면 연립주택, 660m² 이하면 다세대주택으로 각 호마다 구분 소유가 가능한 주택입니다.

부동산 투자의 난이도는 환금성(자산을 현금화하는 데 필요한 기간)에 달려 있습니다. 소유한 부동산을 얼마나 빨리 팔 수 있느냐가 그 부동산의 투자 난이도입니다. 이런 점에서 아파트는 빌라(연립주택 또는 다세대주택)보다 쉽게 매도할 수 있어서 투자 난이도가 낮다고 할 수 있습니다.

그리고 아파트는 호수별로 유사성이 큽니다. 실제로 위아래 집의 공시가격이 동일한 경우도 많습니다. 또 국토교통부 실거래가를 참고하면 누구나 쉽게 가격을 예상할 수 있습니다. 반면 빌라는 평면, 배치도, 향 등이 제각각이기 때문에 정확한 현 시세를 찾기가 만만치 않습니다.

또 빌라는 주택담보대출을 받을 때 아파트보다 시간이 많이 걸리고, 일반적으로 대출금액도 적게 나옵니다. 아파트는 KB 부동산 시세로 담보 가격을 책정하는 반면 빌라는 감정평가사가 건건이 평가하기 때문에 시간이 많이 소요되는 것입니다.

마지막으로 빌라는 작은 건설사에서 시공하기 때문에 누수 등 물리적으로 크고 작은 문제가 발생할 확률이 아파트보다 높습니다.

그럼에도 불구하고 빌라는 나름대로 투자 가치가 있습니다. 아파트와 비교해서 가격이 저렴하고, 임대수익률이 높습니다. 그래서 많은 사람이 선호하는 강남과 같은 곳에 투자하고 싶은데 자금이 충분치 않을 때, 아파트에 비해 진입 장벽이 낮은 빌라에 투자할 수 있습니다. 이미 아파트를 여러 채 가지고 있다면 포트폴리오 분산 차원에서 빌라에 투자하는 것도 나쁘지 않습니다.

저도 석촌역 인근의 빌라를 매입한 적이 있습니다. 당시는 롯데월드타워와 9호선 3단계 구간(종합운동장~보훈병원)이 개통을 위해 공사 중이었고 현대자동차에서 한국전력 삼성동 부지를 매입한 시점이었습니다. 이렇게 대형 호재가 많았지만 석촌호수의 물이 빠지고, 롯데월드타워를 건립하는 게 위험하다고 하고, 인근 도로에 싱크홀이 발생하는 일이 생겨 분위기가 안 좋았습니다.

저는 오히려 그때가 투자 기회라고 생각했습니다. 그래서 9호선 급행열차 정차역인 석촌역 인근을 투자 타깃으로 결정했습니다. 그런데 당시 제가 가지고 있었던 현금으로는 투자에 한계가 있었습니다. 석촌역 인근의 아파트를 매수할 정도의 자금은 없었기 때문에 빌라를 매입하게 됐습니다. 당시에도 빌라는 아파트 대비 투자금이 적었습니다(물론 지금은 아파트 가격이 빌라 가격보다 더 많이 상승하여 아파트에 투자하기 위해서는 그때보다 더 많은 자금이 필요합니다).

따라서 투자금이라는 측면에서 봤을 때 빌라 투자도 좋은 대안이 될 수 있습니다. 최근 서울의 경우, 아파트 가격이 많이 상승하여 매매가와 전세가의 차이가 많이 벌어졌습니다. 반면 빌라 가격은 아파트만큼 많이 상승하지 않아 상대적으

로 적은 금액으로 투자할 수 있습니다. 좋은 입지, 좋은 구조
의 빌라라면 적은 돈으로 투자하는 것도 괜찮은 선택입니다.

Q 빌라에 투자하기 전에 미리 알아야 할 내용이 있나요?

A 빌라는 작은 부지에 건물을 지어 올리기 때문에 좋은 평면이 나오기 어렵다는 태생적인 한계를 가지고 있습니다. 따라서 빌라 투자를 할 때는 가장 먼저 평면 구조가 얼마나 편리하게 구성돼 있는지 살펴봐야 합니다.

거실과 방이 넓은지, 발코니 확장이 되는지, 주방과 거실이 잘 분리돼 있는지, 입구로 들어오면 무엇이 가장 먼저 보이는지, bay 수(남쪽을 바라보는 방과 거실의 개수)는 많은지, 화장실이 넓고 많은지 등을 자세히 살펴봐야 합니다. 빌라는 평면도

를 제공하지 않는 경우가 많기 때문에 임장한 후에 직접 평면
을 그려보는 것도 좋은 방법입니다.

빌라는 일반적으로 동 사이 간격이 좁습니다. 따라서 반드
시 채광 상태를 잘 살펴봐야 합니다. 간단하게 채광이 좋은지
예측할 수 있는 식이 있는데, 다음과 같습니다. (여기서 동 사이
간격 'a'는 포털의 지도 서비스에서 제공하는 거리재기 기능을 통해 확
인할 수 있고, 'b'는 앞 동의 총 층수에서 매물의 층수를 뺀 후 평균 층고
높이인 약 3m를 곱하면 계산할 수 있습니다.)

주차장 현황도 중요합니다. 빌라는 아파트에 비해 차량 진
출입 공간을 충분히 제공하지 못해서 차를 빼주는 문제 때문

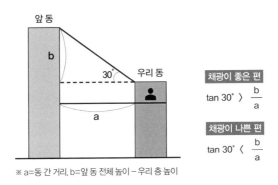

※ a=동 간 거리, b=앞 동 전체 높이 – 우리 층 높이

▶동 사이 간격 측정하는 방법

에 이웃 간의 다툼이 자주 생길 수 있습니다. 세대당 주차 대수가 몇 대인지, 앞차가 뒤차를 가리는지 등도 꼭 살펴봐야 합니다.

엘리베이터 유무도 반드시 확인해야 합니다. 어린아이가 있는 집이라면 외출할 때 유모차 등 챙겨야 할 물건이 많을 것입니다. 이럴 때 엘리베이터가 없는 빌라 위층에 산다면 불편합니다. 그래서 아파트와 달리 엘리베이터가 없는 빌라의 경우, 고층이 아닌 2~3층이 로열층으로 구분되기도 합니다.

관리비도 따져봐야 하는데 빌라의 관리비는 아파트에 비해 저렴한 편입니다. 관리소장, 보안 시설 직원이 없고, 비상주 미화 인원만 있기 때문에 보통 기본 관리비가 월 3만 원 전후가 전부입니다.

마지막으로 빌라는 대부분 소형 건설사가 시공하기 때문에 아파트와 비교하여 물리적인 하자가 있을 가능성이 높고, 추후 보수하는 데 어려움을 겪을 수 있습니다. 따라서 누수나 결로로 인한 곰팡이 유무 등도 반드시 체크해야 합니다.

Q 환금성 리스크는 어떻게 관리할 수 있나요?

A 빌라는 아파트와 비교하면 환금성이 떨어지는 것은 사실입니다. 우선 각 빌라마다의 특징이 달라 매수 의사 결정을 하는 데 많은 시간이 걸립니다. 그리고 빌라를 투자 대상으로 생각하지 않는 사람도 많기 때문에 매수할 수 있는 사람의 수가 적어 매도하는 데 시간이 걸릴 수밖에 없습니다.

물론 빌라를 빨리 매매하여 환금성을 높이려면 가격을 낮추면 됩니다. 즉, 급매로 내놓는 것입니다. 하지만 가격을 낮출수록 실패한 투자가 되기 때문에 좋은 방법은 아닙니다.

최근 가파르게 가격이 오른 아파트에 비해 빌라의 가격은 많이 오르지 않았습니다. 이 말은 아파트 대비 빌라 투자 금액이 적다는 의미입니다. 따라서 빌라는 상대적으로 소액 투자자들이 접근하기 쉬운 상품이 됐습니다. 투자 금액이 줄수록 살 수 있는 사람이 늘기 때문입니다.

투자자들이 빌라를 더 쉽게 매입할 수 있도록 전세가를 올려 매매가와의 차이를 줄여주면 환금성이 높아집니다. 그리고 전세가를 높이기 위해 인테리어 공사는 필수입니다. 인테리어 공사를 통해 내부를 예쁘게 만들면, 임차인을 구하는 속도가 빨라집니다.

공사비와 투자금의 차이, 회수 기간의 차이 그리고 회수금으로 할 수 있는 새로운 투자로부터 얻는 수익 등을 다방면으로 계산하고 분석해서 투입 가능한 적정 공사비를 가늠해야 할 것입니다. 필요하다면 충분한 비용을 들여 공사한 후 환금성을 높이는 것도 방법입니다.

Q 재개발을 기대하고 빌라 투자를 하는 것은 어떨까요?

A 일반적으로 재개발(주거환경이 낙후된 지역에 도로, 상하수도 등의 기반시설을 새로 정비하고 주택을 신축하는 것)은 재건축(건물, 일반적으로 아파트 소유주들이 조합을 구성해 노후주택을 헐고 새로 짓는 것)보다 더 많은 시간을 필요로 합니다. 왜냐하면 재건축 조합 유형보다 재개발 조합 유형이 훨씬 다양하고 상황도 제각각이기 때문입니다. 단지 내 평형의 종류가 적은 재건축 대상 아파트가 인기 있는 이유와 같은 맥락입니다. 재건축을 기대하며 아파트 투자를 할 때도 기왕이면 단지 내

평형의 종류가 적을수록 좋습니다. 소유자들이 처한 상황이 비슷하기 때문에, 소유자들의 요구 종류 또한 줄어들기 때문입니다.

예를 들어 재건축을 앞둔 두 아파트가 있다고 가정해보겠습니다. A아파트는 모두 34평형으로 구성돼 있고, B아파트는 20~60평형으로 다양하게 구성돼 있습니다. 그러면 당연히 A아파트의 재건축이 빠르게 진행될 가능성이 높습니다.

그런데 재개발은 조합원마다 거주하는 형태가 다르기 때문에 훨씬 상황이 상이합니다. 1층 상가에서 임대료를 꼬박꼬박 받는 사람도 있을 것이고, 노후를 위해 다가구주택을 매입하여 생활하는 사람도 있을 것이고, 도로만 가지고 있는 사람도 있을 것이며, 신축될 아파트를 소유하지 못하고 현금 청산 대상이 되는 사람도 있을 것입니다. 이렇듯 토지 소유자마다 처한 상황이 너무 다르기 때문에 한 목소리를 내기가 쉽지 않습니다. 특히 재건축·재개발은 사업 속도에 비례하여 비용이 늘기 때문에 스피드가 생명인데, 목소리가 많을수록 사업의 진행 속도가 더딜 가능성이 큽니다.

예를 들어 매입가 5억 원, 예상 분담금(공사비 등)이 3억 원인 빌라가 있다고 가정해보겠습니다. 인근 신축 아파트 단지의 시세가 11억 원이면, 이 투자로 얻을 수 있는 수익은 (각종 비용과 세금을 제하고) 3억 원(시세 11억 원-분담금 3억 원-주택 매입가 5억 원)일 것입니다.

대략 아파트가 지어지는 기간인 3년간 공사비 등은 공정률(공사의 진행 순서와 작업 일정을 종합한 공사의 진도 과정에 따라 투입된 공사비의 총공사비에 대한 비율)에 따라 자금이 투입되고 이를 3.5%의 금리로 대출받아 충당한다면, 대출이자는 약 1,600만 원입니다. 따라서 수익률은 약 57%([수익 3억 원-대출이자 1,600만 원]/투자금 5억 원)일 것입니다.

만약 매입 시점부터 준공 시점까지 10년이 걸린다면 단순 연 수익률은 5.7%입니다. 아주 나쁘지는 않습니다. 하지만 개발 기간이 20년으로 늘어나면 단순 연 수익률은 2.9% 수준으로 떨어집니다(여기서는 복잡한 계산 과정보다 개발 기간이 길어질수록 수익률이 떨어진다는 것을 아는 게 중요합니다).

여기에 알박기(개발 예정지의 땅 일부를 매수 후 사업자에게 고가로 되파는 수법)를 하는 사람이 나타나고, 반대를 위한 반대를 하는 사람이 나타나 개발 소요 기간이 길어지면 투자자는 지치고, 수익률은 떨어질 수밖에 없습니다.

이렇듯 투자, 특히 재개발 투자는 시간이 생명입니다. 그래서 재개발을 바라고 빌라 투자를 하는 것에는 예상치 못한 다양한 리스크가 많기 때문에 개인적으로 그다지 추천하고 싶지 않습니다.

하지만 최근 재건축 위주의 규제가 극심해지고 있는 것을 알 수 있습니다. 그래서 풍선 효과처럼 재건축을 규제하면 재개발로 돈이 몰려 수익을 볼 가능성도 있습니다.

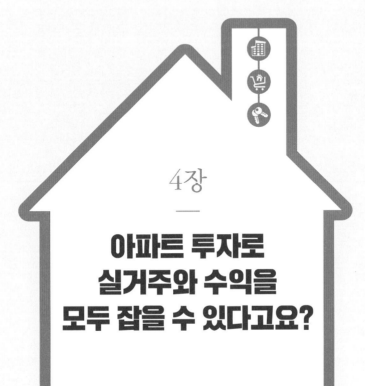

4장

아파트 투자로
실거주와 수익을
모두 잡을 수 있다고요?

Q 청약을 받는 게 가장 좋은 것 아닌가요?

A 오로지 아파트 청약에만 관심을 갖고 있는 사람이 많습니다. 물론 청약에 당첨만 될 수 있다면 청약을 받는 것이 좋습니다. 조합과 시공사는 당첨자들에게 어느 정도 프리미엄이 발생하도록 분양가를 책정하기 때문에, 청약에 당첨되면 대부분 몇천만 원에서 몇억 원의 프리미엄을 얻을 수 있기 때문입니다. 또 주택도시보증공사(HUG)에서 분양가를 통제하고 있어 주변 시세보다 싸게 분양가를 책정하다 보니, 프리미엄은 더욱 높아지고 있는 실정입니다. 그래서 최근

에는 청약 당첨을 로또 당첨에 비유하기도 합니다.

하지만 8.2 부동산 대책 이후 대출 규제가 심해져서 잘해야 중도금 일부만 대출받을 수 있습니다. 다시 말해 청약은 계약금과 중도금 일부까지, 큰 자금이 필요한 투자인 것입니다.

그리고 준공 때까지 전매(분양권이란 준공 후 아파트에 입주 및 소유할 수 있는 권리며, 전매는 이를 사고파는 것)가 금지됩니다. 즉, 큰 자금이 상당 기간 묶이게 된다는 의미입니다. 또 투기과열지구 내에서의 청약은 85m² 이하는 100% 가점제, 85m² 초과일 때만 25% 추첨제입니다. 즉, 가점이 낮은 세대는 사실상 중소형 평형을 추첨으로 분양받는 것이 완전히 봉쇄됐습니다.

만약 저에게 지금 청약 당첨 후 분양 대금 납부를 감당할 만한 현금이 있다면, 요행을 바라지 않고 신축 아파트를 사겠습니다. 물론 청약에 당첨되면 좋겠지만, 가능성이 희박합니다. 희박한 가능성만을 바라보며 수억 원을 예금통장에 묶어 두는 것 또한 리스크입니다. 언제 당첨될지 모른 채 청약만 바라보며 기다리는 동안 집값이 급등해버릴 수 있기 때문입니다. (물가 상승에 따른 예금 리스크는 이미 여러 번 이야기했기 때문에 따로 언급하지 않겠습니다.)

▶아파트투유 사이트

다만 청약통장에 가입한 기간과 무주택 기간이 길고, 자녀 수가 많아 가점이 높다면 청약 제도를 활용하여 주택을 구입하는 것을 강력히 권장합니다. 아파트투유 사이트(https://www.apt2you.com)에서 자신의 가점 점수나 단지 및 평형별 당첨 가점에 대해 확인할 수 있습니다.

Q 아파트를 살 자금이 부족한데 일단 전세를 끼고 사둬도 되나요?

A 현재 살고 있는 집의 전세 만기가 1년 정도 남은 무주택자라면, 1년 뒤 전세가 만기되는 시점에 집을 구매할 계획을 세우는 경우가 많습니다. 이럴 때 미리 조금만 시간과 노력을 들이면 집을 싸게 구입할 수 있습니다. 내 집 마련 계획이 있다면 여기서 소개하는 방법을 참고하는 것도 좋을 것입니다.

예를 들어 매매 시세 5억 원, 전세 시세 4억 원인 아파트가 있다고 가정해보겠습니다. 그런데 종종 전세 만기가 1년이나 애매하게 남은 시점에 매물이 나오는 경우가 있습니다. 대부분 소유자인 투자자의 사정에 의해 나온 집입니다. 소유자에게 자금 경색이 왔을 수도 있고, 더 좋은 투자 물건을 찾았을 수도 있고, 증여나 기타 개인적인 사정이 있을 수도 있습니다.

이 집이 매매로 나왔다면 기존 시세인 5억 원이 아닌 4.8억 원 정도에 나올 것입니다. 왜냐하면 만기가 1년 남은 세입자가 이미 살고 있어 바로 실거주할 수 없는 집이기 때문입니다. 주거용 부동산의 가격을 최대한 많이 받으려면 '투자자'와 '실거주자' 그리고 '실거주하려는 투자자' 모두가 살 수 있어야 합니다.

이 집의 전세가가 3.5억 원이라고 가정해보겠습니다. 작년에 계약한 건이기 때문에 현재 시세보다 전세가가 0.5억 원 낮습니다. 최근 전세가가 급등한 지역이거나, 전세 계약을 갱신했거나, 신규 입주 후 약 2년이 지난 경우라면 충분히 가능한 가정입니다.

만약 이 단지에서 바로 실거주가 가능한 아파트를 전세를 끼고 사두려면 (취득세, 중개보수 등의 부대비용을 제외하고) 매매가 5억 원에서 전세가 4억 원을 뺀 1억 원 정도 필요할 것입니다. 하지만 이 물건은 매매가 4.8억 원에서 전세가 3.5억 원을 뺀 1.3억 원 정도의 투자 자금이 필요합니다. 1.3억 원을 3.5%의 대출 금리(기회비용)로 1년간 묶어둔다면 그 기회비용은 약 455만 원 정도일 것입니다. 하지만 이 물건은 시세보다 2,000만 원이 쌉니다. 기회비용을 제하더라도 1,545만 원의 이익을 볼 수 있습니다.

기존 아파트보다 좀 더 싸게 구입할 수 있는 이런 아파트의 특징을 정리하면 다음과 같습니다.

- 초기 비용이 다른 집보다 많이 듭니다. 바로 실거주가 가능한 같은 단지의 아파트는 1억 원으로 갭투자(이 경우와 같이 전세를 끼고 매매하는 경우를 말합니다)할 수 있지만 이 집을 사기 위해서는 1.3억 원 정도가 필요합니다.
- 일시적으로 큰돈이 들어갑니다. 현재 사는 전셋집에 전세보증금이 묶여 있는 상태에서 추가 자금이 1.3억 원이나 필요합니다.
- 집 구경하기가 어렵습니다. 전세 만기가 1년이나 남은 임차인에게 집을 보여달라고 하면 협조받기 쉽지 않기 때문입니다.

그럼에도 불구하고 무주택자라면 생각해볼 만한 투자 전

략입니다. 현재 살고 있는 주택과 전세를 끼고 살 집의 전세 만기를 적당히 맞춰 안전 마진을 취할 수 있기 때문입니다.

Q 새 아파트 VS 오래된 아파트, 어디에 투자하는 게 좋나요?

A 저는 주로 신축 아파트나 준공된 지 10년 이내의 아파트를 좋아합니다. 가장 큰 이유는 거주하기 편하기 때문입니다. 실제 거주할 생각이 아니더라도 투자할 아파트를 고를 때는 상품성, 즉 거주의 편리성을 따져야 합니다. 살기 좋은 아파트는 투자자의 고객인 임차인과 잠재 매수자가 선호할 것이며, 이는 곧 투자 수익률로 직결됩니다.

신축 아파트는 편리합니다. 지하 주차장이 있어 궂은 날씨와 세차 걱정을 할 필요가 없고, 한겨울과 한여름에도 자동차가 상할까 걱정할 필요가 없습니다. 또 주차 공간이 많고, 주차 간격이 넓어 일명 '문콕'을 걱정할 필요도 없습니다. 현재 우리나라의 자동차 등록 대수는 약 2,300만 대입니다(2018년 6월 말 기준). 인구 2.3명당 자동차 한 대를 가지고 있는 시대이기 때문에 주거지를 선택할 때 주차는 굉장히 중요한 요소 중 하나입니다.

또 신축 아파트는 내부 구조가 넓고 편리하게 구성돼 있습니다. 피트니스센터, 독서실, 수영장, 아기 놀이방, 강의실, 북

▶커뮤니티센터

카페, 스카이라운지, 코인세탁실, 게스트하우스 등의 커뮤니티센터가 제공될 뿐 아니라, 강력한 보안시스템이 갖춰져 있습니다. 또 아파트 지상에 차가 다니지 않아 안전하게 아이들이 뛰놀 수 있으며, 캐리어를 끌거나 휠체어를 타고 쉽게 이동할 수도 있습니다. 엘리베이터도 더 빠르고 편리해져서 출근 시간에 마음 졸일 일이 없으며, 택배 보관함도 설치돼 있습니다. 이렇듯 많은 장점을 가지고 있기 때문에 누구나 자금만 충분하면 신축 아파트에 살고 싶어 합니다.

그리고 신축 아파트는 대부분 세대가 동일한 인테리어를 하고 있기 때문에 인테리어라는 항목을 비교 대상에서 제외시킬 수 있어 매매나 임차에 대한 의사 결정을 더 쉽게 할 수 있습니다.

신축 아파트는 유지 보수할 필요가 적습니다. 따라서 임차인과 연락할 일도 줄어들어, 보유하는 기간 동안 마음이 편합니다.

보통 신축 아파트를 매입할 때 많은 투자금이 필요하다고 여기는데 꼭 그런 것만도 아닙니다. 다음은 광진구 광장동의 30평형대 아파트 시세를 비교한 표입니다. KB 부동산 시세이기 때문에 실제 시세나 실거래가와 차이가 있을 수 있지만, 동일한 지표를 통해 신축 아파트와 구축 아파트를 비교해보겠습니다. 우측으로 갈수록 구축 아파트입니다.

거래비용을 제외한 투자금(매매가-전세가)은 좌측부터 3억 원, 4.7억 원, 2.5억 원, 3.1억 원, 5.9억 원입니다. 가장 오래된 극동1차아파트의 투자금이 가장 크고, 가장 신축인 힐스테이트의 투자금은 다섯 개의 아파트 중 중간 정도에 불과합니다.

물론 실거주를 위해 신축 아파트를 구입한다면 절대 비용 자체가 크기 때문에 많은 자금이 필요합니다. 하지만 매매가와 전세가의 차이는 오히려 신축 아파트 쪽이 크지 않아 적은 투자금을 필요로 합니다. 이는 투자자인 제가 신축을 좋아하

단지명	힐스테이트	현대10차	청구	삼성2차	극동1차
준공년도(연)	2012	2000	1996	1989	1985
평형(평)	35	30	33	32	31
매매가(억 원)	12.40	11.30	8.00	8.15	10.75
전세가(억 원)	9.40	6.58	5.53	5.05	4.85
투자금(억 원)	3.00	4.73	2.48	3.10	5.90
평단가(만 원)	3,600	3,800	2,400	2,600	3,400
평단가 비교	100%	105%	68%	72%	96%
전세가율	76%	58%	69%	62%	45%

▶ 광진구 광장동 30평형대 아파트 시세(출처: KB 부동산 시세, 2018년 8월 기준)

는 큰 이유 중 하나입니다.

그뿐만 아니라 신축 아파트는 희소합니다. 전국 아파트 중 준공된 지 5년 미만의 신축 아파트의 비중은 12.9%에 불과합니다(2016년 인구주택총조사 기준). 반면 준공된 지 20년 이상된 구축 아파트의 비중은 무려 36.2%나 됩니다. 또 다양한 규제를 통해 앞으로 신축 아파트의 공급은 더 줄어들 예정입니다. 그렇기에 신축 아파트의 투자 가치는 앞으로 더 높아질 것으로 예상됩니다.

Q 왜 대단지 아파트를 선호하는 건가요?

A 비슷한 입지, 비슷한 준공연도의 아파트일지라도, 대단지 아파트와 나 홀로 아파트의 가격 차이는 큽니다. 그리고 전세든 매매든, 웬만하면 규모가 큰 아파트에 입주하고 싶어 합니다. 왜 그럴까요?

우선 대단지 아파트는 관리비가 저렴합니다. 이유는 간단합니다. 관리비에서 가장 큰 비중을 차지하는 부분이 인건비입니다. 그런데 100세대인 단지에도 관리소장은 한 명이고, 1,000세대인 단지에도 관리소장은 한 명입니다. 따라서 세대당 관리소장의 급여 부담이 10배나 차이가 납니다. 보안 직원도 세대수만큼 비례해서 필요한 것은 아닙니다. 그러므로 세대수가 늘어날수록 세대당 부담해야 할 비용이 줄어듭니다. 오히려 초대형 아파트가 되면 CCTV 설치 등으로 인한 효율화가 이루어집니다.

각종 공사를 할 때도 규모의 경제(생산 요소 투입량의 증대[생산 규모의 확대]에 따른 생산비 절약 또는 수익 향상의 이익) 효과를 봅니다. 아파트 외관에 페인트칠을 할 때도 1개 동만 칠할 때보다 10개 동에 칠할 때 단가가 줄어들기 때문입니다.

세대수가 많을수록 관리비가 줄어들기 때문에 커뮤니티센

▶ 대단지 아파트의 편의시설

터 내에 골프 연습장, 독서실, 수영장 등 만들 수 있는 편의시설이 늘어납니다. 특히 수영장은 유지비용이 상당하기 때문에 대단지 아파트만이 가질 수 있는 시설입니다.

대단지 아파트는 녹지 공간도 넓습니다. 물론 세대수가 늘어나므로 1인당 사용하는 녹지 공간의 차이는 크지 않지만 모두 사용할 수 있는 녹지 공간이 늘어난다는 것은 큰 장점입니다. 삼성동 아이파크의 건폐율은 겨우 9%에 불과합니다. 따라서 아파트가 차지하는 9%를 제외한 나머지 91%는 녹지 등 공용 공간입니다. 숲속에 둘러싸인 것과 마찬가지여서 쾌적함을 느낄 수밖에 없습니다.

또 대단지 아파트는 학군을 구성할 때도 장점이 있습니다. 잠실엘스아파트가 둘러싸고 있는 잠일초등학교는 거의 100% 잠실엘스아파트에 사는 아이들이 다닙니다. 반포동 반포자이아파트와 원촌초등학교, 서초동 삼풍아파트와 원명초등학교, 대치동 개포우성·선경아파트와 대치초등학교, 대치동 대치미도·은마아파트와 대곡초등학교도 비슷한 예입니다.

평형의 차이는 있지만, 같은 아파트에 살면 비교적 비슷한 생활환경을 가지게 됩니다. 따라서 대단지일수록 자연스럽게 생활환경이 비슷한 아이들로 구성된 학군이 형성될 가능성이 높아지는 것입니다.

　단, 재건축 연한이 도래한 오래된 대단지 아파트에 투자할 때는 주의가 필요합니다. 세대수가 많아질수록 재건축의 속도는 더디기 때문입니다.

Q 자녀도 없는데 굳이 학군을 따질 필요가 있을까요?

A 하루는 결혼한 지 얼마 안 된 친구가 사무실에 찾아 왔습니다.

친구 ××아파트를 매수하려고 하는데 어떻게 생각해?

나 음… 초등학교가 굉장히 멀리 있네. 그리고 학교를 갈 때 6차 선 도로까지 건너야 하고…. 매수하지 않는 게 좋을 것 같아.

친구 그런데 난 자녀 계획이 없어. 우리 부부가 살기엔 좋을 것 같은데?

아마도 친구는 자신의 예산에 맞는 투자 대상을 정해놓고 확인하기 위해 물어보는 것 같았습니다.

저는 학군이 안 좋은 아파트는 반쪽짜리 아파트라고 생각합니다. 거주할 수 있는 대상이 반밖에 되지 않기 때문입니다. 전 연령에서 학군과 관계가 없는 가구는 1인 가구, 신혼부부, 노부부뿐일 것입니다. 그마저도 신혼부부가 아이를 낳아 아이들이 취학 연령이 되거나, 노부부가 자녀에게 아파트를 증여하면 학군과의 관계가 생길 가능성이 높아집니다.

투자든 실거주든 나중에 팔 때를 생각해야 합니다. 매수할 수 있는 사람들의 숫자가 줄어들수록 수요와 공급의 법칙에 따라 가격은 떨어집니다.

실거주 목적으로 아파트를 구입하더라도 당연히 앞으로 가격이 상승할 가능성이 높은 아파트를 선택해야 합니다. 그래야 주거와 투자라는 두 마리의 토끼를 모두 잡을 수 있기 때문입니다.

따라서 아파트를 살 때는 자신의 가족계획이나 자녀의 나이와 상관없이 학군을 고려해야 합니다. 중요한 것은 현재의 내 상황이 아니라 앞으로 내가 소유하고 있는 아파트를 매수할 잠재 매수자의 필요이기 때문입니다.

Q 1층을 사도 될까요?

A 1층 집은 여러 가지 단점을 가지고 있습니다. 앞 건물에 가려 햇빛이 잘 안 들고, 벌레도 많습니다. 사생활이 노출될 가능성이 높고, 소음에도 노출됩니다. 지상 주차장이 있다면 전조등 불빛에 노출될 수도 있습니다. 그리고 겨울에는 무거운 찬 공기 때문에 더 춥다는 점도 감안해야 합니다.

그럼에도 불구하고 어린이집, 집에서 뛰노는 미취학 아이들을 키우는 부모, 거동이 불편한 노인 가정은 1층을 선호하기도 합니다. 또 최근에 지어지는 아파트는 1층 거주자에게 전용 텃

▶필로티 구조의 아파트

밭이나 창고 또는 전용 출입구를 제공하여 1층의 단점을 상쇄시키고 있습니다. 사생활 노출 문제나 소음 때문에 1층이 비어 있는 필로티 구조를 선호하는 사람도 있으나, 필로티 구조는 건물 하부가 공기에 노출되기 때문에 기존 1층에 비해 더 춥습니다.

하지만 1층은 기준층과 비교하여 상대적으로 저렴합니다. 로열층에 비해 최소 10% 정도 저렴한 반면 전세가와 매매가 차이는 훨씬 작습니다. 그렇기 때문에 실수요자뿐 아니라 갭투자자들에게도 인기가 많습니다.

이렇듯 1층은 여러 가지 장단점을 함께 가지고 있습니다. 1층을 매매하는 목적에 따라, 1층에 살아본 지인들에게 장단점을 물어보고 따져본 후 매매를 판단하는 것이 좋습니다.

Q 아파트를 살 때 가장 고려해야 할 점은 무엇인가요?

A 저는 아파트를 살 때 학군을 가장 중요하게 생각합니다. 그래서 투자할 아파트에 거주한다고 가정할 때 초등학교까지 걸어가는 동선은 안전한지, 해당 학교의 학업 성취도는 어떤지, 좋은 상급 학교에 진학시키는 학교에 아이를 입학시킬 수 있는지, 주변 아파트 단지와 소득 수준 등은 비슷한지, 인근 학원가는 어떻게 형성돼 있는지 등을 따져봅니다.

우리나라 사람들만 유독 학군을 따진다는 선입견이 있는

데 이는 사실이 아닌 것 같습니다. 미국, 영국, 프랑스, 캐나다 등 대부분의 선진국도 교육의 중요성을 잘 알고 학군을 중요하게 생각합니다. 하물며 우리나라처럼 자연자원과 문화자원 등이 부족하고, 오직 국민들이 생산하는 재화와 서비스로만 먹고사는 국가에서 교육은 더욱 중요한 문제일 수밖에 없습니다.

그다음으로 중요하게 생각하는 것은 지하철역입니다. 그중에서도 2호선, 5호선, 9호선에 가장 많은 점수를 줍니다. 왜냐하면 직주근접(집과 직장 간의 거리가 가까운 것)을 위해서는 회사가 밀집해 있는 3대 도심권(종로권, 강남권, 여의도권)과 잘 연결돼 있어야 하는데, 2호선, 5호선, 9호선이 각각 3대 도심권 중 2개의 도심권을 관통하기 때문입니다.

그다음 고속화도로와의 접근성, 종합병원 및 마트와의 접근성, 강이나 녹지 환경 등을 따집니다.

참고로 전세로 거주할 만한 아파트를 구할 때는 선택의 기준이 다릅니다. 기준이 훨씬 단순합니다. 전세로 살 아파트를 구할 때는 직장이나 자주 가는 곳과의 접근성이 얼마나 좋은지, 자녀의 학교와 얼마나 떨어져 있는지를 비롯하여 구조, bay 수, 누수 여부, 환기, 주차 공간과 같은 물리적인 조건과 관리비 등 살면서 따져야 할 것들을 고려합니다.

이와 더불어 전세보증금을 안전하게 돌려받을 수 있도록 임대인의 대출 상황을 정확하게 따져야 합니다. 등기부등본 '을구'의 채권최고액 항목에서 임대인의 대출 상황을 확인할 수 있습니다.

[집합건물] 서울특별시 서초구 반포동

【 을　　구 】 (소유권 이외의 권리에 관한 사항)

순위번호	등 기 목 적	접　　수	등 기 원 인	권리자 및 기타사항
1	근저당권설정	2009년5월8일 제28007호	2009년5월25일 설정계약	채권최고액　금96,000,000원 채무자 강원도 동해시 괴동동 근저당권자　주식회사우리은행　110111-0023393 서울특별시 중구 회현동1가 203 (반포역지점)
2	1번근저당권설정등 기말소	2009년10월26일 제67810호	2009년10월26일 해지	
3	근저당권설정	2016년9월29일 제200537호	2016년9월29일 설정계약	채권최고액　금780,000,000원 채무자 서울특별시 영등포구 63로 45, 21동 근저당권자　주식회사한국스탠다드차타드은행 서울특별시 종로구 종로 47(공평동) (반포지점)

－ 이 하 여 백 －

관할등기소　서울중앙지방법원 등기국

▶등기부등본을 통해 임대인의 대출액 확인 가능

GTX 호재가 있는 지역에 투자하면 어떨까요?

얼마 전에 친한 친구로부터 전화를 받았습니다. 어린 시절 많은 추억을 함께해서 요즘도 종종 보는 친구입니다.

친구 나 ○○아파트 청약 당첨됐는데 어떻게 할까? 인근에 GTX가 생긴다고 하니까 괜찮을 것 같아서….

나 GTX, 아직 확정된 건 아니라는 거 알고 있지?

친구 응. 그래도 거기 살기는 좋을 것 같아.

나 주변에 아파트를 공급할 수 있는 부지가 엄청 많은 건 알고 있어? 주변 아파트 시세가 얼마인지 정확하게 계산해보고 청약 당첨된 아파트의 취득원가(분양가+확장비+이자 비용) 차이를 계산해서 알려줘 봐.

계산 결과, 비용 차이가 너무 적었습니다. 그래서 경쟁률이 낮았던 것입니다. 그리고 결정적으로 GTX에 대한 저의 우려에 대해 이야기해줬습니다.

나 GTX가 확정된다고 해도, 만약 배차 간격이 20~30분이면 어떻게 하지? 혹시 왕복 이용료가 10,000원이 넘을 가능성은 없을까? 운영 주체는 사업성을 높이기 위해서 배차 간격은 최대한 넓히고, 요금은 올리려고 할 거야.

분명 서울에서 출퇴근하는 가정보다 수도권에서 GTX를 이용하여 출퇴근하는 가정이 대중교통비, 택시비, 출퇴근 시간 등을 많이 할애하게 됩니다. 택시비와 출퇴근을 위해 사용하는 비용은 무시하더라도 GTX 요금 차이에 따라 비용이 얼마나 차이가 나는지 알아보기 위해 간단한 공식을 친구에게 알려줬습니다.

- **GTX 1일 왕복 요금** 9,500원
- **지하철 1일 왕복 요금** 2,500원
- **가구당 출퇴근 GTX 사용 인원** 1.5명
- **연 비용 차이** (9,500원−2,500원)×20일×12개월×1.5명

   = 2,520,000원

이 비용은 그 아파트에 거주하면서 서울로 출퇴근하는 이상 계속 내야 하는 비용일 것입니다.

연 252만 원을 은행 예금 이자로 안정적으로 받는다고 가정하면, (이자가 2%일 때) 원금은 무려 1.26억 원입니다. 즉, 이 비용을 내지 않는 사람은 내는 사람보다 최소 1.26억 원을 더 가지고 있다고 볼 수 있습니다.

그리고 GTX를 비롯한 SOC(도로, 항만, 철도, 공항, 댐, 전기, 통신 등 사회간접자본)는 사업성이 충분히 나와야 만들 수 있습니다. 정부에서 만들겠다고 해서 반드시 만들 수 있는 것이 아니라, 회계법인이나 연구 기관 등에서 사업성이 나온다고 판단

해야 1단계를 통과하는 것입니다. 사업성이란, 특정 SOC를 이용하는 사람이 많아 비용 투입에 대한 이익이 발생하는 것을 의미합니다.

한 예로 2012년 7월 개통한 의정부 경전철의 경우, 2017년 5월 법원에서 파산 선고를 내렸습니다. 2016년 감사보고서에 따르면 2016년에는 384억 원, 2015년에는 1,499억 원의 당기순손실이 났었습니다. 2017년 9월 개통한 우이신설경전철 역시 2017년 당기순손실을 기록합니다. 사업 타당성 분석 당시에는 사업성이 있다고 판단했으나, 실제로 운영해보니 사업성이 나빴던 것입니다.

또 기획재정부에서 발표한 2018~2022년 국가재정운용계획에 따르면, SOC에 배분된 예산은 매년 줄어들 예정입니다. 2018년부터 2022년까지 총 지출은 429조 원에서 568조 원으로 늘어날 동안, SOC 지출은 19조 원, 18.5조 원, 18조 원, 17.7조 원, 17.5조 원 순으로 줄어들게 됩니다. 따라서 정부 예산이 줄어들 예정이기 때문에 다른 SOC들과 사업성 등에서 경쟁 우위에 있어야만 착공하고 준공할 수 있는 것입니다.

이렇듯 GTX 등 SOC 호재만을 기대하며 하는 투자는 리스크가 크다는 점을 명심해야 합니다.

Q 중소형 아파트 vs 중대형 아파트, 어디에 투자해야 할까요?

A 아마 첫 집을 살 때 40평 이상의 중대형 아파트를 사는 것보다는 35평 이하의 중소형 아파트를 매매하는 경우가 많을 것입니다. 출산율과 가구당 가구원 수가 떨어지고 있고, 1인 가구부터 3인 가구까지 살기에 무리가 없어 수요가 많고, 거래 비용이나 투자 금액이 상대적으로 적게 들기 때문입니다(일반적으로 35평 이하를 중소형, 30평대 후반부터 40평대를 중대형, 50평대 이상을 대형 아파트로 봅니다).

많은 사람의 생각처럼 중소형 아파트를 사는 게 투자 측면에서 유리합니다.

먼저 절대적인 매매가가 대형 아파트 대비 낮기에 상대적으로 부담이 덜합니다. 중개보수나 보유세의 부담도 적고, 취득세의 경우 85m² 이하(전용면적 기준) 아파트가 85m² 초과(전용면적 기준) 아파트에 비해 0.2% 낮습니다. 또 디딤돌대출 등 정부에서 지원해주는 주택 마련 대출을 받으려면 매매하려는 집이 85m² 이하(전용면적 기준)여야 합니다. 아직 주택연금을 신청할 때는 가격 조건 이외에 면적에 대한 조건은 없지만, 언제 면적 제한 조건이 생길지 모릅니다. 주택임대사업자를 등록할 때도 면적에 따라 세제 혜택이 다릅니다.

이처럼 중소형 아파트를 살 때 유리한 점이 많지만, 30평대 이하와 40평대 이상 아파트의 가격 차이가 너무 적다면 투자 측면에서 40평대 중대형 아파트를 매입하는 것도 고민해봐야 합니다.

35평형 아파트의 가격이 12억 원인데, 44평형의 아파트 가격이 13억 원이라고 가정해보겠습니다. 30평대 아파트와 40평대 아파트의 절대 가격 차이가 겨우 1억 원입니다. 평단가로 계산하면 35평형이 44평형보다 무려 16%나 비쌉니다. 이 정도 차이라면 중대형 아파트 매매를 고민해볼 만하다고 생각

구분	35평형	44평형	차이
가격	12억 원	13억 원	1억 원
평단가(만 원)	3,430	2,950	−470
비교	116%	100%	−16%

▶평형에 따른 평단가 비교

합니다.

이런 고민은 가격이 비슷하다면 옵션이 많은 소나타를 살지 기본형의 그랜저를 살지 고민하는 것과 마찬가지입니다. 따라서 중소형 아파트와 중대형 아파트 중 어느 것이 유리한지는 상황과 가격에 따라 판단해야 합니다.

Q 재건축을 기대하고 아파트를 사도 될까요?

A 전통적인 부동산 투자 전략 중 하나가 '오래된 아파트나 빌라 등을 매수해 상당 기간 보유했다가 그것이 새 아파트가 돼 많은 시세 차익을 남기는 것'입니다. 이런 투자가 바로 재개발·재건축 투자고, 제가 가장 많이 받는 질문도 이와 관련한 질문들입니다.

물론 지난 몇 년간 갭투자가 유행하기는 했지만 전통적인 투자 방식인 재개발·재건축 투자만큼 유명하지는 않은 것 같습니다.

저는 개인적으로 아직까지 재개발·재건축 투자를 해본 적이 없습니다. 아마 앞으로 3년간은 하지 않을 것 같습니다. 제가 재개발·재건축 투자에 아직 뛰어들지 않은 이유는 다음과 같습니다.

- 재개발·재건축 투자는 시간에 대한 투자다. 그러므로 내가 할 수 있는 것이 아무것도 없다(조합장이 되지 않는 한).
- 건물이 아닌 토지에 대한 투자이기 때문에, 상당한 자본이 기약 없이 묶일 수 있다.

물론 재개발·재건축 투자의 각 주요 단계 중 일정 시점까지는 입주권을 매도할 수도 있지만, 각 단계가 얼마나 걸릴지 정확하게 예측하기 어렵습니다. 이 과정에서 투자자인 제가 할 수 있는 일은 없습니다. 반면 제가 주로 투자하는 상가, 꼬마빌딩이나 아파트는 개인의 노력 여부에 따라 어느 정도 투자 가치를 높일 수 있습니다.

그리고 저는 아직까지 서울 일부 구에만 투자하고 있습니다. 투자 후 최소 3개월마다 현장을 방문하는데, 투자 대상이 멀리 있으면 관리하기 쉽지 않기 때문입니다. 특히 어린 자녀가 있기에 퇴근 시간을 활용하기도 어렵습니다. 이런 저의 상황에서, 관심 지역의 재개발·재건축 대상에 투자한다면 아마 너무 큰 비용이 들어 자금을 영혼까지 끌어 써야 하지 않을까 싶습니다.

얼마 전, 재개발·재건축 투자 특강을 듣고 오면서 생각을 확고히 굳힐 수 있었습니다. 수강생 대부분이 저보다 나이도 많고, 자본도 많아 보였습니다.

개인적으로는 3년 후에 자본도 지금보다 더 쌓이고, 아이들이 아빠를 덜 찾으면 포트폴리오 구성을 위해 재개발·재건축 투자를 할 수도 있겠지만 아직은 때가 아닌 것 같습니다. 지금 상황에서는 제 노력으로 가치를 올릴 수 있는 부동산에 투자하는 것이 적절하다고 생각합니다.

그렇지만 순자산이 40억 원이 넘고, 여유 자금도 충분하면서 10년 이상 장기 투자를 감당할 수 있는 분들께는 재개발·재건축 투자를 권합니다. 좋은 주거 지역에 위치한 토지를 매입한다는 생각으로 투자하면 수익률 또한 나쁘지 않을 것입니다.

서울 아파트 분양권을 사는 건 어떨까요?

서울 신축 아파트의 가치는 상당합니다. 워낙 희귀하
기 때문입니다.

2016년 인구주택총조사에 따르면, 전국의 아파트 중 준공
된 지 10년 이내의 신축 아파트는 27.8%에 불과합니다. 준공
된 지 20년, 30년이 넘은 아파트에 살아본 분들은 공감하겠
지만, 오래된 아파트에 살면 상당한 불편을 감당해야 합니다.
구조나 인테리어는 차치하더라도, 수도에서 녹물이 나오거나
지하 주차장이 없어 아침마다 출근길에 이중, 삼중으로 주차

된 차를 밀어야 합니다. 개별난방이 되지 않아 불편하고 겨울에는 춥고, 복도식 아파트라면 사생활 보호 측면에서도 불편합니다. 그렇기에 여유만 된다면 새 아파트에 살고 싶어 하는 마음은 당연할지도 모릅니다.

특히 서울에는 소득 수준이 높은 가계가 많음에도 불구하고, 새 아파트는 적습니다. 그리고 당분간 아파트가 충분히 공급되기도 어려운 상황이기 때문에 합리적인 수준의 프리미엄을 지불하고 분양권을 매입하는 것도 괜찮은 투자 전략이라고 생각합니다.

참고로 입주권이란 기존의 토지 소유자(조합원)가 준공된 주택에 입주(소유)할 수 있는 권리를 말하고, 분양권이란 청약에 당첨되어 준공된 주택에 입주(소유)할 수 있는 권리를 말합니다(여기서는 분양권에 대해서만 다루겠습니다).

그런데 2016년에 발표된 11.3 부동산 대책(실수요 중심의 시장형성을 통한 주택시장의 안정적 관리방안) 이후 분양권 전매의 길이 거의 막혔습니다. 이후 분양하는 민간 주택 중 강남 4구와 과천은 소유권 이전 시점까지, 강남 4구 외 서울 지역과 성남시는 1년 6개월간 전매가 금지돼 버렸습니다.

11.3 부동산 대책 발표 이후 약 2년이 흘렀습니다. 대부분

아파트가 분양 이후 2년 반에서 3년 이내에 준공된다는 점을 감안할 때, 이제 서울에서 분양권을 매수할 수 있는 시간은 얼마 남지 않았습니다. 또 분양권은 보유 기간 1년 이내에 전매할 경우 양도소득세율 50%, 보유 기간이 1~2년 미만일 경우 양도소득세율이 40%에 달하기 때문에, 매수할 때 다운계약서 작성을 요구받을 수도 있습니다. 만약 다운계약서를 쓰지 않는다면 매도인이 부담해야 할 양도소득세의 상당 부분을 매수인이 부담해야 할 것입니다.

현재 분양권 매물이 많지 않습니다. 또 원치 않게 탈세를 해야 할 수도 있으니 이 사실을 감안하고 분양권 매매를 고려해야 할 것으로 보입니다.

Q 아파트 가격이 많이 올랐는데 팔아야 할까요?

A 최근 서울 아파트의 가격이 급격하게 올랐습니다. 오른 집값의 차익을 실현하거나 이후 집값이 떨어질까 봐 집을 팔고 싶어 하는 분들을 종종 봤습니다. 그런데 정말 차익을 실현할 수 있는지 등을 파악하기 위해, 집을 팔기에 앞서 몇 가지 질문을 스스로 해봐야 합니다.

- 집을 파는 이유가 무엇인가?
- 집을 매도한 돈으로 무엇을 할 것인가?

- 현재 보유한 주택 수는 어떻게 되는가?

- 예상 양도소득세는 얼마나 되는가?

- 집값이 더 오르면 어떻게 할 예정인가?

질문에 대한 답을 정리하고, 실제 계산해보고 (필요하다면) 세무사의 도움을 받다 보면 팔아야 할지 말아야 할지에 대한 답을 좀 더 명확하게 얻을 수 있습니다.

저는 서울 아파트 가격에 대해서는 우상향론자이기 때문에, 서울에 살고 있다면 실거주를 위해서라도 최소 한 채는 보유할 것을 권합니다. 한번은 전 직장에서 같이 근무했던 임원께서 제게 물어보셨습니다.

상무 민 차장, 내가 목동에 아파트 한 채를 보유하고 있는데 팔면 어떨까?

나 상무 님, 그 돈으로 강남구나 서초구에 소재한 아파트를 매입하실 건가요?

상무 ….

나 현재 상무 님께서 강남구나 서초구에 소재한 아파트로 갈아타시려는 목적이 아니라면, 지금 가지고 계신 목동 아파트는 매도하지 않는 것이 좋을 것 같습니다. 그리고….

특별한 계획이 없다면 저는 웬만하면 집을 매도하지 말 것을 권합니다.

어차피 미래를 예측하는 것은 불가능합니다. 따라서 예측하기보다 대응하기 위해 투자자들은 각 상황에 맞는 자산 포트폴리오로 조정해야 합니다.

제 주변의 극단적인 상승론자들은 집은 파는 것이 아니라 모으는 것이라고 말하기도 합니다. 평생 팔지 않을 부동산을 고른다는 관점에서 집을 선택한다면, 좀 더 신중하고 명확하게 자산을 고르게 될 것입니다.

5장
—

부동산 투자자가
되기 전에
반드시 알아야 할 것들

좋은 투자 수익률의 기준이 있나요?

보통 집값이 오르면 '얼마가 올랐다'고 생각하지 이를 수익률로 생각하는 경우는 드문 것 같습니다. 그런데 기본적으로 투자를 할 때는 수익률을 따져보는 것이 중요합니다. 열심히 알아봐서 부동산 투자를 했다면 이를 수익률로 따져보는 것이 투자자로서의 좋은 자세일 것입니다.

얼마 전에 한 수강생이 제게 좋은 투자 수익률의 기준이 있는지 물어본 적이 있습니다. 저는 우선 목표 수익률이 얼마나 되는지 물어봤습니다. 아마 목표 수익률도 정하지 않고 투자하는 이들이 많을 것입니다.

"현재 자신의 순자산을 알고 계신가요? 몇 년 후에 얼마나 모을지에 대한 목표 순자산도 있으시죠? 그럼 72의 법칙(자산이 2배가 되는 데 걸리는 시간을 쉽게 계산하는 법칙, 자세한 공식은 부록 2 참조) 등을 활용하면 목표 순자산을 위해 필요한 수익률이 나올 겁니다. 그 수익률이 바로 당신의 요구 수익률입니다. 투자 검토를 할 때 그 수익률을 넘길 수 있는 경우에만 투자해야 합니다."

예를 들어 현재 순자산이 3억 원인 사람이 매년 5%의 수익을 10년간 꾸준히 내면, 순자산은 약 4.89억 원이 됩니다. 여기서 순자산이란 총자산에서 부채의 합계액을 뺀 자산을 의미합니다. 쉽게 설명해서 가지고 있는 모든 자산을 현금화했을 때, 손에 쥐는 돈이 바로 순자산입니다.

현재 순자산이 3억 원인 사람이 10년 후 순자산 목표가 9억 원이라면, 매년 12%에 가까운 수익을 꾸준히 내야 할 것입니다. 순자산이 10억 원인 사람의 10년 후 순자산 목표가 20억 원이라면 매년 7%가 조금 넘는 수익을 꾸준히 내야 할 것입니다.

제 경우는, 현재 재무 상황과 나이 등을 종합적으로 고려했

현재 순자산	수익률(%)	기간(연)	미래 순자산
1억 원	5	10	1.63억 원
	7		1.97억 원
	10		2.59억 원
	12		3.11억 원
3억 원	5	10	4.89억 원
	7		5.90억 원
	10		7.78억 원
	12		9.32억 원
5억 원	5	10	8.14억 원
	7		9.84억 원
	10		12.97억 원
	12		15.53억 원
7억 원	5	10	11.40억 원
	7		13.77억 원
	10		18.16억 원
	12		21.74억 원
10억 원	5	10	16.29억 원
	7		19.67억 원
	10		25.94억 원
	12		31.06억 원

▶현재 순자산과 수익률에 따른 미래 순자산

을 때 연 12~15%의 수익률을 적정 수익률로 판단하고 투자하고 있습니다.

이처럼 좋은 투자 수익률이란 사람들마다 다를 수밖에 없습니다. 수익률을 높이려면 그만큼 리스크도 높아집니다. 감내할 수 있는 리스크의 범위를 판단한 후, 그 범위 안에서 고수익을 추구하며 자산을 축적해야 할 것입니다.

Q 규제가 점점 많아지는데 다주택자가 돼도 될까요?

A 아마도 다주택자가 되기를 가장 꺼려하는 이유는 바로 양도소득세 때문일 것입니다. 계속되는 정부의 규제로 양도소득세율이 계속 높아지고 있기 때문입니다.

하지만 따져보면 양도소득세를 납부하는 것도 쉬운 일은 아닙니다.

2016년 총 양도소득세는 13.7조 원입니다. 전체 국세수입 242.6조 원의 5.6%에 불과합니다. 2017년 말 현재 우리나라의 가구 수가 약 19,673,875가구라는 점을 감안하면, 한 가구당 한 해에 납부하는 양도소득세는 약 696,000원에 불과합니다. 즉, 선택받은 소수만이 납부할 수 있는 것이 양도소득세라는 의미입니다.

저는 최소 수천 번의 부동산 관련 상담을 해왔습니다. 그런데 상담을 하면서 하나 재미있는 사실을 발견했습니다. 무주택자들의 경우, 아무리 이야기해도 집을 못 사는 사람이 대부분이었습니다. 하지만 집을 한 채만 사는 사람들도 드물었습니다. 주택을 한 번이라도 구입해본 사람이라면 어차피 한 채로는 집값 상승의 혜택을 거의 못 본다는 사실, 생각보다 주택 구입이 쉽고, 돈이 덜 들어간다는 사실 등을 인지하고 두 채 이상을 구입하는 경우가 많았습니다.

부동산 투자는 항상 수요와 공급 양면을 살펴봐야 합니다. 오피스텔 모델하우스에 가보면 주변에 어떤 회사가 있고, 어떤 회사가 있고 하면서 수요만 이야기합니다. 그런데 주변에 아무리 수요가 많아도 공급이 더 많으면 가격이 떨어질 가능성이 높습니다.

상가도 마찬가지입니다. 상가건물임대차보호법의 강화로, 상가를 사려는 사람들의 심리가 위축돼 매수 수요가 줄어듭니다. 하지만 상가건물임대차보호법으로 임차인을 보호하면

할수록 신규 임차인이 공간을 구하기는 더욱 어려워져서 역설적으로 권리금과 임대료가 높아집니다. 상가 공간을 공급하는 시행사의 개발 의지가 위축되고, 한 번 임차인과 계약을 맺으면 오랜 시간 계약을 지속해야 하기 때문에 좋은 조건의 임차인과 계약을 체결하지 못할 바에는 차라리 공실로 두는 것입니다. 결과적으로 임차할 수 있는 공간이 줄어들고, 그러면 오히려 상가 수익률이 올라가서 다시 상가를 사려는 사람들의 심리를 자극할 수 있습니다.

다시 주택 이야기로 돌아가겠습니다.

보유세가 오르고, 양도소득세가 오르면 매수 수요가 줄어듭니다. 하지만 각종 규제로 주택 공급자들의 리스크를 높이고, 수익을 줄인다면 주택 공급은 줄어들 것입니다. 그렇게 되면 실수요자, 투자자, 임차인 모두의 경쟁으로 오히려 가격이 올라갈 수 있습니다.

따라서 다주택자가 되려고 한다면 특히 신중하게 투자하고, 정책의 영향 등을 다방면으로 분석하는 자세가 필요합니다. 특히 중장기 투자 계획을 세울 때는 정부의 방향성과 정책의 영향을 많이 받게 됩니다.

다음은 우리나라 대통령과 국회, 미국 대통령의 주요 임기입니다. 이를 파악해두면 부동산 정책의 방향성이라는 큰 그림을 그리고, 부동산 투자 계획을 짜는 데 도움이 될 것입니다.

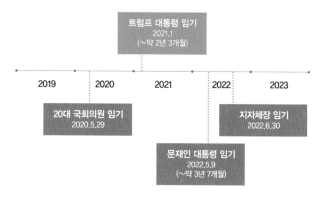

▶한미 대통령 등 재임 기간

임대를 줄 때 고려해야 할 점이 있나요?

네이버의 한 카페에서 피하고 싶은 임차인 유형을 설문한 적이 있었습니다. 그 결과 ①유흥업소 종사자·조폭 ②특수 종교인 ③애완동물 키우는 사람 ④외국인 등의 순서로 득표수가 많았습니다.

대부분의 임대인은 힘든 임차인을 만나보고 나서야 비로소 임대료는 쉽게 받을 수 있는 것이 아니라는 사실을 깨닫게 됩니다. 그래서 임차인 관리를 위해 건물별로 핸드폰을 사용하는 건물주도 만나봤습니다.

저 역시 앞에서 언급했던 거친 전차인뿐 아니라 툭하면 장사가 안 된다며 월세를 늦게 내고, 옆집의 월세가 더 싸다고 이사 가겠다는 협박(?)에 시달렸던 적도 꽤 있었습니다.

따라서 임대차 계약을 체결할 때는, 임대료가 연체될 경우의 연체이자율을 비롯해 임차인에게 부과하는 패널티를 명확하게 해두는 것이 좋습니다. 그리고 필요하면 연체로 인한 임대차 계약 해지 시 별도의 패널티를 부과하는 조항도 넣을 수도 있습니다.

또 임대차 기간의 종료 시점은 신학기 이사철인 1, 2월경으로 맞추는 것이 좋습니다. 이때가 이사 성수기이기 때문에 비교적 임차인을 쉽게 구할 수 있습니다.

주택임대차보호법 제4조에 의거하면 "2년 미만으로 정한 임대차 기간은 그 기간을 2년으로 본다"고 명시돼 있습니다. 따라서 계약 기간을 2년 미만으로 정해봤자 임대인은 2년 미만을 주장할 수 없습니다. 따라서 임대차 기간을 '2년+몇 개월'로 정하는 것도 방법입니다. 예를 들어 임대차 만기가 11월이라면 계약 기간을 2년 2개월로 하여 만기를 1월로 정하는 식입니다.

Q 중개보수가 너무 비싼 것 같아요

 청와대 홈페이지에서 '국민청원 및 제안' 게시판에 들어가면 부동산 중개보수를 낮춰야 한다는 청원이 매우 많습니다. 이에 대한 제 생각은 조금 다릅니다.

오해가 있을 것 같아 미리 말씀드리면, 저는 중개업 종사자도, 중개업 종사자의 가족도 아닙니다. 업무적으로나 개인적으로 공인중개사에게 보수를 드리는 사람일 뿐입니다.

은행이 예대마진(금융기관이 대출로 받은 이자에서 예금에 지불한 이자를 뺀 나머지 부분으로 금융기관의 수입이 되는 부분. 대출금리가 높고 예금금리가 낮을수록 예대마진이 커지고 금융기관의 수입은 그만큼 늘어나게 되므로 금융기관의 수익성을 나타내는 지표가 된다) 을 높여 이자 놀이를 한다는 기사를 읽었습니다.

이런 기사를 보고 같이 은행을 욕하는 것은 하수입니다. 고수는 이럴 때 은행 주식을 삽니다. 현대자동차에서 만든 자동차 가격이 비싸다고 욕할 시간에 현대자동차 주식을 삽니다. 중개보수가 비싸다고 생각하면 직접 중개업을 하거나 중개법인에 투자하면 됩니다. 저는 주주나 고객 또는 국민에게 피해를 주지 않고 시장 원리에 따라 움직이는 개인과 법인을 무조건 비난해서는 안 된다고 생각합니다.

중개업이 쉽다고 이야기하는 사람들 중에는 사실 중개업에 대해 잘 모르는 사람이 많습니다. 저는 매수할 생각도 없으면서, 관심 매물과 비교·분석하기 위해 집 구경하는 사람을 수도 없이 봤습니다. 그야말로 취미로 집을 보러 다니는 것입니다. 집 서너 군데만 보면 두세 시간이 후딱 지나갑니다.

중개보수란 0% 아니면 100%입니다. 이렇게 집을 실컷 구경하고 나서 중개보수의 일부라도 지불하는 경우는 없습니다. 만약 A부동산에서 물건 10개를 보고도 마음에 드는 물건이 없었는데, B부동산의 물건을 한 개를 보고 마음이 들어 계약한다면 어떻게 될까요? A의 노력은 한순간에 물거품이 되는 것입니다.

보이지 않는 무수히 많은 작업 과정 가운데 한 건이 성사되는 것이 바로 중개입니다. 중개보수는 절대 비싸지 않습니다. 분양이 어려운 상가의 경우, 분양 수수료(중개보수)가 매매가의 5%가 넘는 경우도 있습니다. 그리고 일본, 캐나다, 미국 등의 중개보수는 우리나라의 중개보수의 2~3배를 훌쩍 뛰어넘습니다.

솔직한 마음으로는 중개보수를 깎으려고 애쓰는 분이 많으면 좋겠습니다. 그래야 저 같이 중개보수를 많이 주려는 사람이 좋은 물건을 좋은 가격에 빨리 거래할 수 있기 때문입니다.

Q 수리비용이 많이 나오면 손실 나지 않나요?

A 수리비가 많이 나오면 투자 수익률이 떨어지는 것은 당연한 사실입니다. 그런데 주변에 부동산 투자를 하는 지인 중 수리비용으로 1,000만 원 이상을 부담한 사람은 단 한 명밖에 못 봤습니다. 그분의 경우, 누수 때문에 아랫집에 피해가 발생했기 때문에 1,000만 원 단위의 비용이 발생한 것입니다.

5억 원 하는 집에서 수리비용 500만 원이 발생했다고 가정해보겠습니다. 수리비용은 집값의 1%입니다(500만 원/5억 원).

이마저도 투자 기간을 5년으로 늘리면 수익률 하락폭은 0.2%로 떨어지며(1%/5년=0.2%/연), 투자 기간을 10년으로 늘리면 수익률 하락폭은 0.1%로 떨어집니다. 물론 갭투자자나 대출을 이용해 자기자본을 적게 투입한 사람에게는 수익률 하락폭이 이보다 높을 것입니다. 그리고 절대적인 수익이 수익률보다 중요합니다.

하지만 첫 투자를 고민하는 사람이라면 수리비용 때문에 투자를 망설일 필요는 없을 것 같습니다. 0.1~0.2%의 수익률이 떨어진다고 투자를 안 하진 않을 테니까요. 구더기가 무서워 장을 못 담그면 안 되겠죠.

또 보일러 교체, 발코니 확장, 새시 설치 등의 비용은 양도자산의 용도 변경, 개량 또는 이용편의를 위하여 지출한 비용으로 인정받아 공제받을 수 있어, 매도 시점에 양도소득세를 줄일 수도 있습니다(소득세법 제97조).

따라서 수리비가 무서워 부동산 투자를 망설일 필요는 없습니다.

세금 때문에 집을 여러 채 사도 남는 게 없지 않을까요?

근로소득세가 무서워서 회사를 그만두는 사람이 있을까요?

양도소득세란, 부동산 등을 타인에게 이전할 때 발생하는 소득에 부과하는 세금입니다. 다시 말해 소득이 발생해야 납부할 수 있는 소득이라는 뜻입니다.

양도소득세는 납부하기 쉽지 않습니다. 양도소득세는 매도가에서 기본 공제 250만 원, 중개보수, 새시·보일러 교체비 등 주요 자본적 지출 비용, 마지막으로 매수가와 취득세 그리고 중개보수를 더한 비용을 빼고 난 나머지 금액에 대해 부과하는 것입니다. 심지어 같은 해에 두 개의 부동산을 매도했는데 한 개의 부동산에서 손실이 발생하면, 이익이 난 쪽과 상계처리까지 해줍니다.

양도소득세에 대한 부담 때문에 투자를 꺼리는 이들이 최근 더욱 많아진 것 같습니다. 저는 종종 강의할 때 수십 명의 수강생에게 양도소득세를 5,000만 원 이상 내본 적이 있다면 손을 들어보라고 합니다. 물론 자랑하고 싶지 않아서 손을 안 드는 것이겠지만, 손을 든 사람은 극소수에 불과합니다.

양도소득세를 내는 사람은 그리 많지 않습니다. 우리나라 국세수입에서 양도소득세가 차지하는 비중은 5.69% 정도에 불과합니다('2017년 회계연도 총 수입 결산 분석', 국회예산정책처). 그렇기 때문에 양도소득세는 피해야 할 대상이 아니라 어떻게 하면 많이 낼 수 있을지 고민해야 할 대상입니다. 만약 진짜로 양도소득세를 납부하게 된다면 만세삼창을 불러야 합니다.

이처럼 보통 사람들이 생각하는 세금과 실제로 납부하는 세금과는 차이가 있습니다. 따라서 무턱대고 세금을 무서워하기보다는 열심히 공부하며 직접 계산해봐야 합니다.

부부 공동 명의를 하면 어떤 점이 좋나요?

부부 공동 명의로 부동산을 취득하면 종합부동산세, 임대소득세, 양도소득세에 대한 절세 효과를 얻을 수 있습니다. 반면 취득세와 재산세는 단독 명의일 때와 동일합니다.

종합부동산세는 재산세와 달리 물건별 과세가 아닌 인별 과세이고, 주택의 공시가격이 6억 원을 초과하는 경우에만 부담합니다. 즉, 동일한 부동산의 소유자가 여러 명일 때, 각 소유자가 보유한 지분에 대해서만 납부한다는 의미입니다. 따라서 만약 공시가격 12억 원인 주택을 부부 공동으로 각각 6억 원씩 보유한다면 부담해야 할 종합부동산세는 없게 됩니다.

임대소득세와 양도소득세는 누진세율을 적용합니다. 예를 들어 양도소득이나 임대소득으로 1억 원이 발생한다고 가정해보겠습니다. 이 주택이 단독 소유라면 세율 구간은 최대 35% 구간까지 도달하고, 각종 공제들을 제외하고 단순하게 계산하면 납부할 세금이 (지방소득세를 포함하여) 약 2,200만 원 (유효세율 약 22%)입니다.

반면 부부 공동으로 각각 5,000만 원으로 소득을 분산시키면 최고 세율 구간이 24% 구간으로 낮아집니다. 따라서 납부해야 할 세금이 부부가 합쳐 약 1,500만 원(유효세율 약 15%)으로 줄어듭니다.

여기서 주의해야 할 점은 증여 문제와 건강보험료 문제입니다. 부부 간에도 10년 동안 6억 원 이상 증여할 때 증여세를 납부해야 합니다. 그리고 부부 중 한 사람이 건강보험 지역가입자일 경우, 자산 증가에 따라 건강보험료도 증가된다는 점을 감안해야 합니다. 현행 건강보험료 납부 제도에 따르면 건강보험 지역가입자는 직장가입자와 달리, 무조건 소득과 자산 모두를 통틀어 건강보험료를 산정하기 때문에 자산을 추가 취득하면 건강보험료가 늘어나기 때문입니다.

놓친 매물 때문에 너무 속이 상해요

A '작년에라도 집을 샀어야 했는데….'

'지난번 전세 만기 때 전세를 연장하지 말고 집을 사서 들어갔어야 했는데….'

최근 집값이 많이 오르면서 이런 후회를 하는 사람들이 많습니다.

그런데 그렇게 후회하는 사람에게 정작 "구체적으로 어떤 아파트 몇 동 몇 호를 얼마에 사려고 했나요?"라고 물어보면 정확히 대답하지 못하는 경우가 많습니다.

막연한 아쉬움이 아닌, 제대로 투자 검토를 하고 구입할 뻔 했던 부동산을 놓쳤다면 그 부동산을 잊기는 어렵습니다. 저에게도 구입 직전까지 갔는데 거래하지 못한 부동산이 있고, 지금도 가끔 그 매물이 기억나곤 합니다.

다음의 사진은 제가 2014년 4월에 구입하려 했던 상암동의 한 주택입니다. 상암 DMC에 방송 관련 회사들이 입주하는데, 저녁 시간에 고기 구워먹으면서 술을 마실 수 있는 상권이 없다는 것에 착안하여 투자를 검토했었습니다.

당시 이 주택의 호가는 4.9억 원이었습니다. 절대 잊을 수

▶투자하려고 했던 매물의 다음 로드뷰 사진

없는 숫자입니다. 저는 이 주택을 구입하여 1층과 2층을 상가로 개조할 생각이었습니다. 하지만 매도인이 몇천만 원씩 슬금슬금 올리는 바람에 기분 나빠져서 계약하지 않았습니다.

물론 투자하지 못한 가장 큰 이유는 투자에 자신이 없었기 때문입니다. 계산을 해보니, 상가로 리모델링해서 임대료를 극대화해도 수익률이 2%대에 불과했기 때문에 매수를 포기한 것입니다.

하지만 최근에 이 부동산의 등기부등본을 발급받아 보니 2015년 2월(제가 검토한 시점에서 약 1년이 지난 후), 5.56억 원에 거래가 됐다는 사실을 확인할 수 있었습니다.

여기서 다 말할 수는 없지만 현장 방문도 무수히 하고 수많은 노력을 한 주택이었기 때문에 아직도 기억에 남습니다.

2008년 금융위기 직후에도 잠원동 신반포 8차·10차의 17평형·18평형을 구입하려고 했던 적도 있습니다. 당시 가장 마음에 들었던 물건은 3.4억 원으로, 부모님과 함께 매수하려 했습니다. 그런데 며칠 만에 가격이 3.7억 원으로 올랐고, 동시에 투자자인 부모님을 설득하지 못해 매수하지 못했습니다. 참고로 현재 그 아파트의 최고 실거래가는 15억 원입니다. 아마 평생 잊지 못할 것 같습니다.

하지만 후회하거나 아쉬워하지는 않습니다. 후회해봤자 아무 소용이 없기 때문입니다.

도처에 투자할 물건은 널려 있습니다. 과거만 생각하며 후회할 시간에 미래를 이야기하고, 미래에 투자하기 바랍니다.

상가 투자는 어떤가요?

'강남이나 홍대에 내 상가가 있어서 따박따박 월세를 받으면 얼마나 좋을까….'

노후를 위해 꼬마빌딩까지는 아니어도, 상권이 좋은 곳에 상가 하나쯤 소유하고 싶다는 분들이 많을 것입니다.

상가 투자는 '부동산 투자의 꽃'이라고 할 만큼 멋진 투자입니다. 하지만 어려운 투자이기도 합니다.

상가 투자는 주택 투자 대비 난이도가 높습니다. 즉, 환금성이 아파트와 비교하여 현저히 떨어진다는 의미입니다.

저도 예전에 경매를 통해 강남구에 있는 구분상가(층이나 호와 같이 일정 규모별로 구분등기가 가능한 상가)를 매수한 적이 있는데, 그 상가를 매도하는 데 무려 11개월이나 걸렸습니다. 물론 그 상가에는 공실이 없었고, 임대소득이 꾸준히 발생했기 때문에 매도할 때까지 여유 있게 기다릴 수 있었지만, 공실이 많았다면 상황은 완전히 달랐을 것입니다.

상가는 주택보다 공실 기간이 길어질 가능성이 훨씬 높습니다. 그래서 공실에 따라 임대료를 못 받을 뿐만 아니라 대출이자 비용 그리고 관리비까지 부담하게 될 가능성이 큽니다. 주택은 아주 한적한 도시나 아주 낡은 경우를 제외하고는 누군가가 거주하여 공실을 채웁니다.

하지만 상가는 다릅니다. 위치가 안 좋은 상가는 영원히 공실일 수도 있습니다. 예상치 못했던 공실과 이에 따른 대출이자 비용과 관리비 부담은 큰 손실로 돌아올 수 있습니다. 따라서 상가에 투자할 때는 입지가 좋은 곳의 상가만 매입해야 합니다.

그 밖에 따져봐야 할 내용은 다음과 같습니다.

- **사람들 눈에 얼마나 잘 띄는가?(가시성이 얼마나 좋은가?)**

- 진입 동선은 얼마나 편한가?

- 전면이 얼마나 넓은가?

- 간판은 어디에 설치할 수 있는가?

- 천장고는 얼마나 높은가?

- 내부에 기둥이 얼마나 적은가?(적어야 공간 배치하기 용이하여 좋음)

- 주차하기는 편리한가?

- 화장실 등의 관리 상태는 좋은가?

- 인근 공실은 얼마나 되는가?

- 관리비는 얼마나 저렴한가?

- 임차인의 매출과 인근 경쟁사의 현황은 어떤가?

상가 투자는 주변 매매 사례나 임대 사례를 찾기 어렵습니다. 찾아봤자 시세도 천차만별인 경우가 많습니다. 그나마 매매 사례는 '디스코'나 '밸류맵' 같은 어플을 통해 어느 정도 확인할 수 있지만, 임대 사례는 조사할 수 있는 특별한 방법이 없습니다. 직접 타 임차인과 인터뷰해서 알아내야 합니다. 임대료를 확인하기 어렵다면 최소한 임차인의 매출이라도 확인하거나 추정해봐야 합니다.

특히 신축 분양 물건은 조심해야 합니다. 지어지지도 않은 건물의 임대료를 예측하는 일은 정말 어렵습니다. 저는 아예 계산할 줄 모릅니다.

예전에 제가 아는 지인이 상가 한 호를 분양받은 적이 있습니다. 그런데 분양사무소에서 최초 분양 당시 이야기했던 임대료와 실제 준공 시점의 임대료 차이가 거의 100만 원 정도 났습니다. 사실 임대료가 100만 원이나 차이 났다면 속은 것이나 다름없습니다. 수익률이 5%라고 가정하면, 예상했던 가격과 무려 2.4억 원이나 차이 나기 때문입니다.

월 임대료가 200만 원일 때와 300만 원일 때를 단순하게 비교해보면 이해가 쉽습니다. 월 임대료가 200만 원인 경우, 상가 가격은 4.8억 원([200만 원×12개월]/5%)입니다. 월 임대료가 300만 원인 경우, 상가 가격은 7.2억 원([300만 원×12개월]/5%)입니다. 예상보다 차이가 큼을 알 수 있습니다.

따라서 상가 투자를 고려한다면 충분히 공부한 후에 시작해야 합니다. 특히 다음과 같은 상가는 가급적이면 투자하지 말길 바랍니다.

- 인근 배후 수요 대비 상가 공급 면적이 큰 상가
- 주변에 공실 상가가 많은 상가

- 가시성이 떨어지는 상가

- 엘리베이터가 없는 고층 상가

- 후면 또는 지하상가

- 임차인이 현행법을 위반하며 영업 중인 상가

- 권리금이 적거나 없는 상가

Q 왜 입지 좋은 1층 상가가 공실이죠?

A 입지가 좋아 보이고, 유동인구도 많은 것 같은데 비어 있는 상가를 종종 봅니다. 이런 상가는 백이면 백 들어올 임차인이 없어서가 아니라 좋은 조건을 제시하는 임차인을 기다리고 있는 상가라고 보면 됩니다.

2018년 10월 16일에 개정 적용된 상가건물임대차보호법에 따르면, 특정 임차인과 한번 임대차 계약을 체결하면 특정 사유가 발생하지 않는 한 10년 동안은 싫든 좋든 그 임차인과 임대차 계약을 유지해야 합니다.

▶1층 공실 상가

　따라서 임대인의 입장에서는 신용도가 낮거나 임대차 조건을 안 좋게 제시하는 임차인과 계약을 맺느니 공간을 비워두는 게 낫다고 판단하는 것입니다. 어떻게 보면 사회적 낭비라고 생각할 수도 있지만 임대인 입장에서는 당연한 선택일 수밖에 없습니다.

　우리나라 법 구조상 임차인이 임대료를 연체하면서 임대인을 힘들게 해도 명도(임차인과 계약을 해지하고, 임차인이 사용하던 공간을 비우게 하는 것)하기가 정말 어렵습니다. 내용증명을 발송하는 것으로 시작해서 점유이전금지 가처분을 하고, 명도 소송을 통해 실질적으로 명도 집행을 하기까지 소요되는 시간이 6개월은 족히 됩니다. 보증금이 있다고 해도 3개월 치 임대료를 연체한 시점부터 법적 절차를 시작하고, 임대인이 원상복구 비용까지 부담해야 한다면 손해를 입기 쉽습니다.

역설적으로 들리겠지만 임차인을 보호하려고 법을 강화할 수록 피해를 보는 것은 임차인이 될 수 있습니다. 임차인의 경쟁 상대는 임차인입니다. 좋은 입지가 나오면 임차인들끼리 그 자리를 차지하기 위해 경쟁하지, 임대인과 경쟁하지는 않기 때문입니다. 임차인을 보호하려고 법을 강화할수록 임대인은 보수적으로 의사 결정을 하고, 매력적이지 않은 조건으로 임차인과 계약을 체결하느니 공실 상태를 유지할 것입니다.

Q 경매로 낙찰받는 것은 어떨까요?

A 한 채무자와 채권자가 있다고 가정해보겠습니다. 채무자가 채권자의 돈을 갚지 못하면 채권자가 빚을 회수하기 위해 법원에 채무자 재산에 대해 경매를 신청합니다. 그러면 다수의 사람이 이 경매에 참여하여 채무자의 재산에 대한 입찰가를 제출하고, 이 중 최고가를 쓴 사람의 자금으로 채권자의 빚을 상환하게 됩니다. 이를 '법원 경매'라고 합니다.

경매에 참여하려면 해당 물건을 관할하는 법원에 직접 방문하여 입찰에 참여해야 합니다. 대리인을 이용하는 방법도 있

▶ 경매가 진행 중인 법정

지만 아주 믿을 만한 사이가 아니라면 권장하지는 않습니다.

　경매로 낙찰받는 것은 여러 가지 장점이 있습니다.

　첫 번째, 시세에 비해 비교적 싼 가격에 자산을 매입할 수 있습니다. 물론 요즘은 경매 경쟁률이 높아져서 아파트의 경우 시세보다 5% 이상 싸게 낙찰받는 것이 쉽지 않습니다. 5%는 아마도 명도 리스크와 인테리어 리스크에 따른 프리미엄일 것입니다.

　두 번째, (아파트를 제외하고는) 일반 매매 대비 더 많은 한도로 담보대출을 받을 수 있습니다. 상가를 일반 매매할 때 대출 한도는 매매가의 60~70%입니다. 반면 낙찰받을 때는 감정가나 낙찰가 중 낮은 금액의 80%까지 대출을 받을 수 있습니다.

세 번째, 매도자가 매물을 거둘 가능성이 낮습니다. 개인적으로는 세 번째 이유가 경매의 가장 큰 매력이라고 생각합니다. 일반적으로 개인이 소유한 부동산을 매수하려고 할 때 매도자가 마음을 바꿔 매물을 거두는 경우가 비일비재합니다. 하지만 경매는 채무의 규모가 예상 낙찰가보다 적어서 대출 상환이나 매매 등으로 경매가 취하되는 경우를 제외하고는 매물이 없어질 가능성이 낮습니다. 따라서 투자 분석을 위해 개인적으로 들인 시간과 노력, 법률, 세무, 감정평가, 물리적인 상태를 실사하는 것 등에 들어간 비용이 공중에 날아갈 리스크가 적습니다.

반면 경매의 단점도 있습니다.

첫 번째, 명도 리스크입니다. 배당받을 권리를 가진 점유자라면 법원으로부터 배당금을 수령하기 위해 비교적 순순히 이사를 갑니다. 하지만 배당받을 권리가 없는 임차인이라면 저항이 만만치 않습니다. 이사비로 상당한 금액을 받지 않으면 해당 부동산을 계속 점유하는 경우가 종종 있기 때문입니다.

두 번째, 현장을 확인하기 어렵습니다. 상가나 토지는 비교적 현장을 확인하기 용이하지만, 주거 시설은 현장을 확인하기가 상대적으로 어렵습니다. 얼굴이 두껍고 나름 경험이 많은 저도 주거시설 경매에 참여하면서 내부에 들어가 본 적이 아직까지는 없습니다. 그래서 수익률을 분석할 때 인테리어와 명도 비용을 넉넉하게 잡습니다.

채무가 많은 실거주 소유자나, 집주인 때문에 보증금의 일부 또는 전부를 날리게 된 임차인 모두 기분이 좋을 리 없습니다. 이런 상황에서 여러 사람이 밤낮, 주말, 주중 할 것 없이 방문한다면 문을 열어주기 쉽지 않을 것입니다.

꼭 내부를 보고 싶다면 법원에 신규 물건이 접수되자마자 방문하기를 권장합니다. 아무래도 경매 개시 초반일수록 점유자가 방문자들에게 협조적일 가능성이 높기 때문입니다.

세 번째는 바로 '승자의 저주'입니다. 승자의 저주란 경쟁에서는 이겼지만 승리를 위해 과도한 비용을 치름으로써 커다란 후유증을 겪는 상황을 뜻합니다. 언제부터인가 경매 법원에 가면 임산부와 어린 자녀를 데리고 오는 사람들이 종종 보입니다. 이는 일반인들이 부동산 경매에 많이 참여한다는 뜻이고 그만큼 시세보다 싸게 사기 어렵다는 의미입니다.

저는 2017년 3월에 서울에 있는 1층 상가 입찰에 참여한 적이 있습니다. 공인중개사무소를 통해 확인한 바에 의하면,

해당 부동산은 소유자가 6억 원에 팔 의향이 있고 매매가 가능한 상황이었습니다. 이 점을 포함해 다방면으로 분석한 저는 5억 4,000만 원 정도를 입찰가로 썼습니다. 하지만 안타깝게도 4등밖에 하지 못했습니다. 제 옆에 있던 2, 3등에게 입찰가를 물어보니 다들 저와 큰 차이가 없었습니다. 하지만 1등은 놀랍게도 6억 5,000만 원을 썼습니다. 아마 인근 부동산 인터뷰를 안 한 결과였던 것 같습니다. 이 낙찰자는 상가를 높은 가격에 매수했기 때문에 승자의 저주를 받을 가능성이 높아진 것입니다.

마지막으로 경매 법정에 직접 방문해야 하는 불편함이 있습니다. 보통 경매는 오전 10시부터 11시 20분까지 입찰표를 받습니다. 입찰표를 받으면 이를 취합하고 정리하여 사건 순서대로 입찰 결과를 발표합니다. 경험상 최소 오후 1시는 돼야 끝이 납니다.

작년 12월에 참여한 경매의 경우, 제 앞 사건의 입찰자가 64명이나 됐기 때문에 앉을 자리가 없었을 뿐더러 너무나 오랜 시간이 걸렸습니다. 아무것도 먹지 못한 채 2시가 넘어서야 결과를 듣고 법원을 떠날 수 있었습니다. 운이 좋아 낙찰이라도 받는다면 이 모든 노력이 상계되지만 낙찰받지 못한다면 그야말로 허탈감만 느끼게 됩니다. 경매가 전자 입찰 방식으로 바뀌기 전까지는 이 불편함이 계속될 것입니다.

경매는 단점이 많은 것도 사실입니다. 하지만 싸게 살 가능성이 높다는 점은 경매의 큰 매력입니다. 투자에 있어서 싸게 사서 안전 마진을 취하는 것만큼 좋은 것은 없습니다. 그리고 닭 쫓던 개가 될 확률이 적다는 점 또한 제게는 너무나 큰 매력이기 때문에 개인적으로는 추천하는 투자 방법입니다. 하지만 좋은 물건이 나오는 빈도가 워낙 적기 때문에 경매와 일반 매매를 동시에 진행하는 것이 가장 좋습니다.

집을 잘 파는 방법이 따로 있나요?

A 부동산을 통해 집을 보러가거나 보여준 경험이 한 번쯤은 있을 것입니다. 아마도 대부분의 소유자들은 처음 만난 사람과 이야기를 나누는 게 어색하기에 굳이 대화를 시도하지 않고 집만 보여주거나 심지어는 문만 열어주고 가만히 있을 것입니다.

그런데 집을 잘 팔려면 구경하러온 잠재 매수자에게 집의 장점에 대해 어느 정도는 브리핑을 해야 합니다. 목각인형처럼 서 있으면 안 됩니다. 영업사원이 물건을 팔러 나와서 아무

말도 하지 않는다고 생각해보십시오. 물론 너무 적극적으로 설명하면 매도에 대한 의지가 강하게 비춰져서 협상할 때 불리해질 수는 있습니다.

공인중개사만 믿고 맡겨서도 안 됩니다. 공인중개사는 매수자 측이나 매도자 측 공인중개사와 함께 집을 구경하기도 하고, 기타 여러 가지 이유에서 특정 집의 장점에 대해서만 부각하여 브리핑하기 어려운 입장입니다. 오히려 특정 집에 대해 지나치게 호의적으로 이야기한다면 의심을 사거나 하는 역효과가 날 수 있기 때문입니다.

따라서 팔아야 할 집의 장점에 대해 적극적으로 브리핑할 수 있는 사람은 매도자뿐입니다. 브리핑할 때는 집의 물리적인 장점뿐 아니라 집을 사용하고 있는 사람들이 잘되고 있다는 점도 부각하면 금상첨화입니다.

또 잠재 매수자의 투자금을 최대한 줄여주는 게 좋습니다. 현재 제가 보유한 주택을 매도했던 매도자는 새로운 임차인에게 받을 전세보증금을 현 시세가 아닌 과거의 낮은 시세로 받았습니다. 나중에 확인해보니 '어차피 전세보증금이 내 돈도 아니고 나중에 돌려줄 돈인데 많이 받아서 뭐하나?' 하고 생각했기 때문이라고 합니다. 저는 전세보증금이 낮아서 투자금, 즉 기회비용이 많이 들어간다는 이유로 매매 가격을 많이 낮출 수 있었습니다. 반대로 매수자의 투자금을 줄여줄 수 있다면 매매 가격을 더 많이 받을 수도 있을 것입니다.

투자는 수익의 싸움이기도 하지만 수익률의 싸움이기도 합니다. 물론 투자 금액이 커질수록 수익률보다는 수익이 중요합니다. 하지만 소액 투자를 하는 초보 투자자에게는 수익률이 매우 중요합니다. 투자금이 줄어야 더 많은 투자를 할 수 있고, 수익률을 높일 수 있기 때문입니다.

수익형부동산을 생각해보면, 임대료가 높아질수록 부동산 가격은 올라갑니다. 임대료가 올라간다는 말은 결국 환산보증금(보증금+임대료×100)이 올라간다는 말인데, 결국 임대료가 0원인 전세는 전세보증금이 곧 환산보증금입니다. (예를 들어 전세보증금이 3억 원이고 보증금을 6% 이율의 임대료로 전환한다고 가정하면 월 임대료는 150만 원[3억 원×6%/12개월]입니다. 반면 전세보증금이 4억 원일 때, 이를 월 임대료로 전환하면 임대료는 월 200만 원입니다.)

또 실거주가 가능한 시점에 매도해야 높은 가격을 받을 수 있습니다. 만약 전세 만기가 애매하게 1년 정도 남았다면 실거주자는 구입할 수 없고 오직 투자자만이 구입할 수 있을 것입니다. 반면 전세 만기 시점에 부동산을 매도하면 투자자와 실거주자 모두 매수할 수 있는 물건이 됩니다. 즉, 매수자의 범위가 넓어지기 때문에 상대적으로 높은 가격을 받을 수 있습니다.

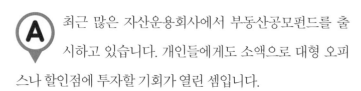

부동산 펀드에 투자하는 것은 어떨까요?

최근 많은 자산운용회사에서 부동산공모펀드를 출시하고 있습니다. 개인들에게도 소액으로 대형 오피스나 할인점에 투자할 기회가 열린 셈입니다.

부동산 펀드의 특성에 대해 이야기하기 전에 먼저 부동산 펀드에 대해 간략하게 짚어보겠습니다.

부동산 펀드란, 투자자들로부터 자금을 모집하여 그 자금으로 부동산에 투자하는 것을 말합니다. 일반적인 주식형 펀드와 법적 성격은 동일하나, 투자 대상이 주식이 아닌 부동산입니다. 참고로 펀드의 정식 명칭은 '집합투자기구'입니다(자본시장과 금융투자업에 관한 법률 9조 18항).

부동산 펀드를 활용하면 소액으로, 규모의 경제에 의해 좋은 입지에 위치한 우량한 자산을 소유할 수 있습니다. 우량한 자산은 임차인의 신용도도 높기 때문에 투자의 안정성이 높아집니다.

그뿐 아니라 직접 투자할 때 발생할 수 있는 거래 상대방(임차인 등)에게서 받는 스트레스에서 해방됩니다. 자산운용회사가 이 모든 거래 상대방들과 의사소통 및 협상을 하기 때문에 투자자는 배당일에 배당금만 수취하면 됩니다. 그만큼 편리합니다.

하지만 부동산 펀드에는 큰 단점이 있습니다. 가장 큰 단점은 투자 기간이 길다는 점입니다. 부동산 펀드는 기본적으로 투자 기간이 깁니다. 투자 기간은 보통 최소 5년으로, 5년 동안 투자하는 펀드가 가장 많습니다. 물론 기간이 더 긴 펀드도 많습니다.

부동산 펀드는 장기 투자를 추구합니다. 그렇기 때문에 (주식형 펀드와 달리) 환매금지형 펀드입니다. 주식형 펀드는 고객이 환매 요청을 하면 환금성이 높은 상장사 주식을 매도하여 투자자에게 환매해줍니다. 하지만 부동산은 그렇게 할 수 없습니다. 시장에 부동산을 내놓는다고 해도 주식형 펀드처럼 바로 팔 수 있는 것이 아니기 때문입니다.

해외에 있는 자산에 투자하는 부동산 펀드는 각별히 주의해야 합니다. 그 이유는 바로 환율 때문입니다. 예를 들어 원달러 환율이 1,100원인 시점에 10만 달러인 부동산을 매입했다고 가정해보겠습니다. 이 부동산 펀드는 환헷지(환율변동으로 인한 리스크를 제거하는 것. 거래 상대방에게 일정 수수료를 지급하고, 특정 시점에 환전 시 환율 변동에도 불구하고 예전 환율을 기준으로 거래 상대방과 환전하는 것)를 하지 않은 펀드로, 5년 후에 이 부동산을 12만 달러에 매각했는데 만약 원달러 환율이 900원으로 하락했다면 매각 차익으로 인한 수익률은 20%가 아니라 -1.9%일 것입니다.

이렇듯 해외 부동산 펀드는 시장의 많은 리스크뿐 아니라 환율 변동 리스크까지 가지고 있습니다. 수익이 환율과 증폭하여 수익률이 극대화될 수도 있지만 반대 방향으로 극대화될 수도 있다는 점을 명심해야 합니다.

Q 집을 계약하기 전에 꼭 확인해야 할 것들은?

A 매매든 전세든 집을 구할 때 확인해야 할 것들은 너무나 많습니다. 그래서 막상 계약할 때 어이없이 빠트리게 되는 것들이 생깁니다. 이때 가장 필요한 것이 '기록'입니다. 서너 개의 집만 보고와도 많은 세부 조건들이 헷갈립니다.

체크리스트를 만들어 기록해두면 실수와 후회를 줄일 수 있습니다. 다음은 집을 계약하기 전에 꼭 확인해야 할 사항들입니다.

매물의 가격이 적절한지 확인한다

국토교통부 실거래가 공개시스템을 활용하면 부동산이 거래된 실거래가를 확인할 수 있습니다. 집을 보러 다니는 일은 생각보다 많은 시간이 소요되는 힘든 일입니다. 따라서 사전에 가격 정보를 머릿속에 넣어두고 과도하게 비싼 물건은 아예 임장 리스트에서 제외하여 불필요한 수고를 덜 수 있습니다.

등기부등본을 꼭 확인한다

등기부등본을 보면 임대인(집주인)이 계약자와 일치하는지, 과도하게 대출을 받았는지, 건물과 대지면적은 일치하는지 등을 확인할 수 있습니다.

등기부등본은 대법원 인터넷등기소에서 누구나 발급받을 수 있는데 건당 700원의 수수료를 내야 합니다.

등기부등본에는 소유자 정보, 건물 전체의 면적과 대지면적, 해당 동, 호수의 전용면적, 대지지분 그리고 담보대출 여부가 기재돼 있습니다. 만약 소유자의 주민등록번호를 알고 있다면 소유자의 주민등록번호까지 입력하여 등기부등본을 확인할 수 있습니다.

등기부등본 '을구'에서 소유권 이외의 권리를 확인할 수 있습니다. 여기에서 채권 관계를 확인하면 됩니다.

주변 지도를 꼭 살펴보자

현장 답사를 하기 전이나 하고 난 후에 매물 주변의 지도를 꼼꼼하게 확인해야 합니다. 현장 답사만으로 미처 확인하지 못한 주변 편의시설이나 기피시설이 있을 수 있기 때문입니다. 구입하려고 하는 부동산 주변 지역 파악은 무엇보다도 중요합니다.

수압을 확인한다

세면대와 싱크대의 물을 틀어보고 변기 물도 내려봅니다. 그냥 틀었다 잠그는 게 아니라 세면대 물을 틀어놓은 상태에서도 변기 물이 잘 내려가는지 확인하면 좋습니다.

내부 구조와 시설을 확인한다

평면, Bay 수, 천장고, 수납공간, 발코니 크기, 난방 방식, 관리비, 조망, 엘리베이터 등 내부 구조와 시설이 갖춰져 있는지, 상태는 어떤지 체크하고 기록해야 합니다. (자세한 내용은

2016년에 출간한《돈 버는 부동산에는 공식이 있다》의 임장 노트에 써 두었습니다.)

낮, 밤, 주말, 주중에 확인한다

워낙 바쁘고 시간이 부족하다 보니 한두 번 방문해보고 결정하거나, 방문하더라도 집의 내부만을 유심히 보는 경우가 많습니다. 하지만 되도록 집은 낮 시간과 밤 시간, 주말과 주중 모든 시간에 가봐야 합니다. 일조량, 지하철역까지 가는 길, 주차장의 혼잡 여부, 소음 등은 시간에 따라 완전히 다른 경우가 많습니다. 특히 유흥업소는 낮에 잘 보이지 않기 때문에 반드시 밤에 가야 알 수 있습니다. 또 근처에 대형 교회나 유명 학원이 있어 특정 시간대에 주변 도로 통행량이 폭증하는 경우도 있기 때문에 여러 시간대에 체크하는 것은 필수입니다.

중개보수는 사전에 협의한다

계약 체결 전에 반드시 공인중개사와 중개보수를 협의해야 합니다. 법에서는 법정 상한 요율만 명시했을 뿐 부가가치세 유무에 대해서는 정한 바가 없기 때문에 부가가치세까지 포함한 요율을 사전에 반드시 협의해야 합니다. 그렇지 않으면 서로 얼굴을 붉히는 경우가 생깁니다.

계약금은 반드시 임대인 계좌로 이체한다

계약일에는 신분증을 통해 임대인의 얼굴을 확인하고, 주민등록등본과 등기부등본으로 소유 여부도 확인합니다. 그리고 계약금은 반드시 임대인 명의의 계좌로 이체합니다.

가끔 임대인의 가족 계좌로 입금해달라고 하는 경우도 있는데, 만약의 분쟁을 방지하기 위해서는 무조건 임대인의 계좌로 입금하는 것이 좋습니다. 이는 기본 중의 기본이지만 생각보다 많은 사람이 간과하는 부분입니다.

부동산을 계약하기 전에 적어도 이 여덟 가지 항목을 반드시 확인하여 실수하거나 후회하는 일이 없도록 해야겠습니다.

비용은 어떻게
예상하는 게 좋을까요?

A 어느 평화로운 토요일 아침, 친구가 전화로 좋은 소식과 황당한 소식을 동시에 전해왔습니다.

먼저 좋은 소식은 청약 당첨 소식이었습니다.

황당한 소식은 분양대금 납부를 위해 전세금이 싼 곳, 즉 지금 살고 있는 판교에서 광주로 이사를 가서 줄인 전세금으로 분양대금을 납부하겠다는 것이었습니다. 저는 당장 친구의 집으로 달려갔습니다.

친구 여기 잘 당첨된 걸까?

나 하하하. 그럼 당연하지. 그거 무피에 나한테 넘길래? 기다려 봐.

전화기를 들고 당첨된 아파트 인근의 공인중개사무소 두 곳에 전화를 걸어 프리미엄을 확인했습니다. 해당 아파트의 프리미엄은 7,000만 원에서 1억 원 사이였습니다(아마 이 책을 출간한 시점에는 프리미엄이 더 많이 올랐을 것입니다).

나 됐지? 축하해! 이제 다음 이야기를 시작하자.

분양대금으로 필요한 돈은 약 1.9억 원이었습니다. 그렇기 때문에 전세보증금이 4.9억 원인 지금의 집에서 전세보증금 3억 원인 집으로 이사를 가려는 것이었습니다.

나 일단 너희 부부는 고소득자잖아. 일단 카××뱅크에서 마이 너스통장부터 만들어. 1.9억 원까지는 아니더라도 상당 부분을 대출받을 수 있을 거야.

친구 뭐? 대… 대… 대… 대출???

제 친구 역시 대부분의 사람처럼 대출에 대한 막연한 두려움이 있었습니다. 하지만 부부 합산 연봉이 1억 원이 넘는 사람들이 지금 같은 저금리 시대에 대출 1.9억 원 받는 것을 왜 그리 두려워하는지 저는 이해할 수 없었습니다. 그래서 엑셀을 열었습니다.

나 자, 니가 지금 이사를 가면 어떤 비용이 발생하는지 설명해줄게. 모든 비용을 눈앞에 계량화해보자고. 우선 지금 전세 만기도 안 된 상황에서 집을 비워준다면 집주인에게 약 230만 원 정도의 중개보수를 줘야 될 거야. 물론 이와 같은 임대차 계약 중도 해지는 집주인이 동의해야 진행할 수 있는 거고.

그리고 짐이 많은 걸 보니 이사비가 최소 200만 원은 들 거야. 새로운 집을 구하려면 또 중개보수가 120만 원 정도는 들어. 그뿐만이 아니야. 출퇴근 시간이 길어지면서 길에 버려야 할 시간과 기름 값을 생각해 봐. 2년 치를 계산해보니 1,270만 원 정도네. 그러면 이사를 간다고 가정했을 때 2년간 소요되는 자금이 대략 1,820만 원 정도야.

하지만 니가 2년간 1.9억 원을 금리 3.3%로 빌리면, 이자 비용은 1,250만 원에 불과하다고. 물론 금리가 5% 정도까지 오르면 비

구분	광주	판교	차이	월	연	임금 (기름값)	기회비용 (백만 원)
출퇴근 시간	50분	30분	20분	800분	160시간	38,580원	6.2
거리	7.5km	4.4km	3.1km	124km	1,488km	130원	0.2
계							**6.4**

▶ 이사하면 지불해야 할 1년 동안의 기회비용

용은 거의 비슷해질 거야.

그런데 이사할 때 드는 돈은 거의 다 일시에 들어가는 돈이고, 대출이자는 2년 동안 매달 나가는 돈이잖아. 화폐의 시간 가치를 감안하면, 금리가 5%로 올라도 여전히 지금 집에 사는 것이 유리해. 그리고 금리가 올라가도 점진적으로 올라가지, 다음 달에 갑자기 1.7%가 급등할 가능성은 너무 희박하고.

이렇게 모든 시나리오를 가정하고 그에 따른 비용을 계산하여 한눈에 보니 답은 너무 쉬웠습니다.

이는 한 가지 사례에 불과하지만 투자를 잘하려면 계산할 수 있는 모든 것들은 최대한 계산하여 계량화하는 자세가 필요합니다.

투자는 한 편의 소설입니다. 매도가를 예측할 수 없습니다.

따라서 예측한 것에 비해 변동폭을 최소화하려면 최대한 많은 변수를 계량화해야 합니다.

부록

집을 알아볼 때 도움이 되는
어플과 웹사이트

1. KB 부동산

- nland.kbstar.com

KB 부동산 사이트에서 제공하는 가장 중요한 정보는 '시세' 자료입니다. 시중 은행은 아파트 담보대출을 내줄 때 KB 부동산 시세를 기준으로 계산합니다. 그래서 보통 별도의 감정평가 없이 2~3일 만에 대출 승인이 나옵니다. 따라서 이를 바탕으로 대출 가능한 금액을 확인하고 자금 조달 계획을 세울 수 있습니다. 또 KB 부동산에서 제공하는 '아파트 종합보고서'도 도움이

▶KB 부동산 리브온 홈페이지

됩니다.

메인 화면에서 [매물]을 클릭한 후, 관심 지역과 관심 아파트를 설정합니다. 그런 다음 하단 총매물 리스트 중에서 관심 매물을 클릭하면 오른쪽 상단에서 [아파트 종합보고서]라는 메뉴를 찾을 수 있습니다.

[아파트 종합보고서]를 클릭하면 10페이지 가량의 PDF 보고서를 무료로 다운로드받을 수 있습니다. 아파트 종합보고서는 해당 아파트의 세대수, 면적, 주차대수, 관리비, 난방 방식 등

▶아파트 종합보고서

의 정보부터 KB 부동산 시세와 국토교통부 실거래가 추이, 대출 정보, 학군 정보 등을 제공합니다. 이 보고서 하나만 읽어도 관심 매물의 정보를 파악하는 데 큰 도움이 될 것입니다.

2. 네이버 지도 · 다음 지도

- map.naver.com
- map.daum.net

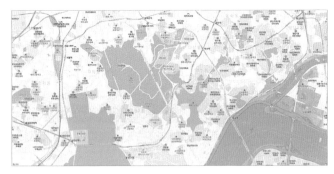

▶ 지형도와 지적도(출처: Daum 지도[http://map.daum.net])

사무실에 출근하여 가장 먼저 열어보는 사이트가 바로 지도 사이트입니다. 지도 사이트를 통해 직선거리, 반경, 면적을 측정할 수 있으며 등고선, 지형도(땅의 높낮이 확인 가능), 지적도(땅의 용도지역 확인 가능), 유해시설의 위치 등도 살펴볼 수 있고, 로드뷰를 통해 현장 사진을 시기별로 볼 수도 있습니다. 즉, 현장에 가보지 않아도 관심 지역이 평지인지 언덕인지 확인할 수 있고, 상권이 어떻게 변해왔는지 살펴볼 수 있습니다. 다음 지도와 네이버 지도의 기능이 계속 진화하고 있기 때문에 투자 검토와 분석을 하는 데 소요되는 시간이 점점 줄어들고 있습니다.

3. 대법원인터넷등기소

● www.iros.go.kr

대법원인터넷등기소에서 누구나 특정 부동산의 등기부등본을 발급받을 수 있습니다. 등기부등본에는 건물과 토지의 면적, 소유권 및 담보 현황 등 소유권 이외의 권리에 관한 사항을 확인할 수 있습니다. 해당 부동산의 관계자가 아니더라도 확인할 수 있으니, 투자 매물이 정해지면 꼭 발급받아야 합니다.

4. 네이버 부동산 · 다음 부동산

- land.naver.com
- realestate.daum.net

포털 부동산 사이트에서 매물과 매물을 소개하는 공인중개사를 찾을 수 있습니다. 또 준공연도, 건폐율, 용적률, 세대수, 주차대수, 평형, 구조, 사진, 과거 시세, 학군 등 해당 주택에 관한 많은 정보를 얻을 수 있습니다.

5. 국토교통부 실거래가 공개시스템

- rt.molit.go.kr

아파트뿐 아니라 다가구주택, 다세대주택, 토지 등의 실거래가를 확인할 수 있습니다. 아파트는 정확한 동·호수를 확인할 수는 없지만 면적, 거래가, 거래 월, 층 정도는 확인할 수 있습니다. 실거래가는 계약 체결일로부터 30일 이내에 신고하면 되고, 국토교통부에서 올리는 주기가 있기 때문에 과거 자료에 불과합니다. 하지만 과거의 실거래가와 매물 시세 그리고 KB 부동산 시세를 참고하면 가격의 적절성을 판단하는 데 큰 도움을 받을 수 있습니다.

6. 국세청

- www.nts.go.kr

▶국세청 홈페이지

부동산 투자의 최종 수익률을 결정하는 것은 세금입니다. 앞으로 세금은 더 중요해질 것이기 때문에 세금에 대해서 자세히 알아야 합니다.

많은 사람이 세금을 포함한 부동산 관련 정보를 찾을 때 네이버에서 웹서핑을 합니다. 하지만 인터넷상에는 잘못된 정보도 많기 때문에 국세청 홈페이지에 직접 확인하는 게 훨씬 좋습니다. 아니, 이 방법이 정석입니다. 홈페이지에 각종 세금에 관한 정보가 자세하게 설명돼 있습니다.

7. 법제처

- www.moleg.go.kr

우리나라의 모든 법, 시행령, 시행규칙을 찾아볼 수 있습니다. 부동산 투자를 잘하려면 민법, 지방세법(특히 취득세 및 재산세 부분), 부가세법, 소득세법, 종합부동산세법, 조세특례제한법, 주택임대차보호법, 상가건물임대차보호법, 건축법, 주택법, 집합건물의 소유 및 관리에 관한 법률, 국토의 계획 및 이용에 관한 법률, 도시개발법, 도시 및 주거환경정비법 등 수많은 법에 대해 잘 알아야 합니다. 기본적인 내용은 판례를 찾지 않고 법만 잘 읽어도 알 수 있습니다. 물론 복잡하거나 중요한 내용은 변호사나 세무사에 정식 자문을 의뢰해야겠지만, 간단한 내용은 법만 읽고도 생각보다 쉽게 파악할 수 있습니다.

8. 국토교통부 부동산 공시가격 알리미

- https://www.realtyprice.kr:447

'공동주택가격 열람'에서 주택의 개별 동·호수의 공시가격을 알 수 있습니다. 그뿐 아니라 국토교통부에서 부동산 가격을 매년 공시하기 때문에 과거 데이터도 확인할 수 있습니다. 국토교통부의 부동산 공시가격은 재산세와 종합부동산세를 계

▶국토교통부 부동산 공시가격 알리미

산할 때 쓰입니다. 따라서 예상 재산세나 종합부동산세를 계산할 때 활용할 수 있습니다. 또 개별 동·호수에 대한 가치 차이도 감정평가사가 평가한 공시가격을 통해 유추해볼 수 있습니다. 저울질하고 있는 두 매물의 매수 가능 가격이 동일하고 기타 다른 조건도 모두 동일한데 한쪽의 공시가격이 높다면, 공시가격이 높은 쪽을 선택하는 것도 좋은 방법입니다.

이 책에 소개된
부동산 용어 설명

- **72법칙** 자산이 두 배가 되는 데 걸리는 시간을 쉽게 계산하는 법칙으로 공식은 다음과 같다.

  72/연 환산 수익률 = 자산이 두 배 되는 데 걸리는 시간(연)

  예) 연 8%의 수익을 낼 경우 자산이 두 배 되는 데 걸리는 시간 = 72/8 = 9년

- **bay 수** 남쪽을 바라보는 방과 거실의 개수.

- **GDP** 국내 총생산, Gross Domestic Product.

- **LTV** 주택담보대출비율. 은행이 주택, 상가, 빌딩 등을 담보로 잡고 돈을 빌려줄 때 담보 물건의 실제 가치 대비 대출금액

비율을 말한다.

- **SOC** 사회간접자본, Social Overhead Capital. 도로, 항만, 철도, 공항, 댐, 전기, 통신 등에 대한 투자를 말한다.

- **감가상각률** 설치 장비나 시설의 시간에 따른 가치 저하율을 말한다.

- **갭투자** 전세를 끼고 주택을 매수하는 투자.

- **건폐율** 대지면적에 대한 건축면적의 비율로, 용적률과 함께 해당 지역의 개발 밀도를 가늠하는 척도로 활용한다.

- **공정률** 공사의 진행 순서와 작업 일정을 종합한 공사의 진도 과정에 따라 투입된 공사비의 총공사비에 대한 비율을 말한다.

- **구분상가** 층이나 호로 구분 등기하여 구분 소유가 가능한 상가를 말한다.

- **다가구주택** 주택으로 쓰이는 층수(지하층 제외)가 3개 층 이하이고, 1개 동의 주택으로 쓰는 바닥면적(지하주차장 면적 제외)의 합계가 660m² 이하이며, 19세대 이하가 거주할 수 있는 주택을 말한다. 다가구주택은 하나의 동을 한 사람이 소유한다.

- **다세대주택** 4층 이하의 공동주택으로, 1개 동의 주택으로 쓰는 바닥면적의 합계가 660m² 이하인 다세대주택으로 각 호마다 구분 소유가 가능하다.

- **명도** 임차인이 사용하던 공간을 비우는 것을 말한다.
- **매도인** 매매 계약에 있어서 부동산을 파는 쪽 당사자를 말한다.
- **매수인** 매매 계약에 있어서 부동산을 사는 쪽 당사자를 말한다.
- **분양권** 일반분양으로 취득한 권리로, 청약통장을 사용하여 주택에 당첨된 경우라고 생각하면 이해하기 쉽다.
- **수익형부동산** 주기적으로 임대수익을 얻을 수 있는 부동산을 말한다.
- **양도소득세** 부동산 등을 타인에게 이전할 때 발생하는 소득에 부과하는 세금이다.
- **연체이자율** 임대료를 연체할 때 적용할 이자 이율을 말한다.
- **예대마진** 금융기관이 대출로 받은 이자에서 예금에 지불한 이자를 뺀 나머지 부분으로 금융기관의 수입이 되는 부분을 말한다. 대출금리가 높고 예금금리가 낮을수록 예대마진이 커지고 금융기관의 수입은 그만큼 늘어나게 되므로 금융기관의 수익성을 나타내는 지표가 된다.
- **원금균등상환방식** 총 대출받은 금액에서 원금을 균등하게 나눠서 매월 갚는 것을 말한다. 계산이 간단하나 초기 부담금액이 크다.
- **원리금균등상환방식** 원금과 이자의 합계 금액을 균등하게 나

뉘 매달 갚는 방식을 말한다. 매달 갚는 금액이 일정해서 지출 계획을 세우기 좋고 초기 부담 금액이 적어 흔히 쓰인다.

- **임대인** 부동산의 소유주로, 임대차 계약에 따라 일정 비용을 받고 이를 빌려주는 이를 말한다.

- **임차인** 부동산에 대해 임대차 계약을 통해 일정 비용을 지불하고 빌려 사용하는 이를 말한다.

- **임차인의 계약갱신요구권** 상가건물의 임차인은 임대차 기간 만료 전 6개월부터 1개월까지 사이에 임대인에게 계약 갱신을 요구할 수 있으며, 이 경우 임대인은 정당한 사유가 없는 한 이를 거절할 수 없는 권리를 말한다.

- **입주권** 재개발·재건축 조합원이 새집에 입주할 수 있는 권리를 말한다.

- **재개발** 주거환경이 낙후된 지역에 도로, 상하수도 등의 기반 시설을 새로 정비하고 주택을 신축하는 것을 말한다.

- **재건축** 건물, 일반적으로 아파트 소유주들이 조합을 구성해 노후주택을 헐고 새로 짓는 것을 말한다.

- **전대** 임차인이 임차물을 제3자에게 임대하는 것, 일명 전전세를 떠올리면 이해하기 쉽다.

- **전매** 샀던 부동산(주로 미등기 상태의 권리)을 다시 다른 사람

에게 파는 것을 말한다.

- **전저점** 최근 가장 낮은 가격.
- **전차인** 남의 것을 빌려온 사람에게서 다시 빌리는 사람.
- **직주근접** 집과 직장 간의 거리가 가까운 것을 말한다.
- **천장고** 바닥마감 면에서 천장 면까지의 높이 즉, 실제 이용하는 공간의 높이를 말한다.
- **환금성** 자산을 현금화하는 데 필요한 기간을 말한다.
- **환산보증금** 상가임대차보호법에서 보증금과 월세 환산액을 합한 금액을 말한다.

환산보증금 = 보증금 + (월세×100)

읽기만 하면 돈 버는 부동산 투자의 기본
지금부터 부동산 투자해도
부자가 될 수 있다

초판 1쇄 발행 2018년 11월 23일 초판 2쇄 발행 2018년 12월 10일

지은이 민경남(시네케라)
펴낸이 연준혁

출판 2본부 이사 이진영
출판 6분사 분사장 정낙정
책임편집 이경희
디자인 윤정아

펴낸곳 (주)위즈덤하우스 미디어그룹 출판등록 2000년 5월 23일 제13-1071호
주소 경기도 고양시 일산동구 정발산로 43-20 센트럴프라자 6층
전화 031)936-4000 팩스 031)903-3893 홈페이지 www.wisdomhouse.co.kr

값 15,000원 ISBN 979-11-6220-973-8 03320

ⓒ 민경남, 2018

국립중앙도서관 출판시도서목록(CIP)

지금부터 부동산 투자해도 부자가 될 수 있다 / 지은이:
민경남. — 고양 : 위즈덤하우스 미디어그룹, 2018
   p. ; cm
권말부록: 집을 알아볼 때 도움이 되는 어플과 웹사이트
: 이 책에 소개된 부동산 용어 설명
ISBN 979-11-6220-973-8 03320 : ₩15000

부동산 투자[不動産投資]
327.87-KDC6
332.6324-DDC23   CIP2018034142